A^tV

Rolf Schneider, geboren 1932 in Chemnitz, aufgewachsen in Wernigerode/Harz. Oberschulbesuch, Studium der Philologie, Geschichtswissenschaften und Pädagogik an der Martin-Luther-Universität in Halle/Saale, Schüler unter anderem von Victor Klemperer. Nach dem Examen drei Jahre Redakteur im Aufbau-Verlag, Berlin. In dieser Zeit entstanden erste Arbeiten für den Hörfunk. Seit 1958 freier Schriftsteller. Eng befreundet mit dem Lyriker Peter Huchel, der Schneiders erste Arbeiten in »Sinn und Form« druckte. Reisen nach Polen, Ungarn, später in westeuropäische Länder, vor allem Frankreich, darüber Reisebücher. 1976 Mitinitiator des Protestes gegen die Ausbürgerung Wolf Biermanns aus der DDR. Daraufhin Ausschluß aus dem DDR-Schriftstellerverband. Neun Jahre lang Tätigkeit als Dramaturg und Regisseur an verschiedenen westdeutschen Theatern.

Romane, Bühnenstücke, Essays, Sachbücher. Regelmäßige Mitarbeit an verschiedenen Tages- und Wochenzeitungen. Übersetzungen in 20 Sprachen. Verschiedene Literaturpreise.

Letzte Veröffentlichungen: »November« (Roman, Hamburg 1979, Rostock 1990); »Frühling im Herbst« (Aufsatzsammlung, 1991); »Volk ohne Trauer« (Aufsatzsammlung, 1992); »Potsdam. Garnison und Arkadien« (Aufsatzsammlung, 1994); »Leben in Wien« (Aufsatzsammlung, 1995); »Bewerbungen« (Theaterstück, Uraufführung 1988 in Nürnberg); »Versuch über den Schrecken« (Erzählungen, 1993); »Die Sprache des Geldes« (Reportagen, 1996); »Vor tausend Jahren. Alltag im Mittelalter« (Sachbuch, 1999).

»Literaten schreiben über das, was sie kennen, und was sie am besten kennen, sind allemal sie selbst. Nun mag sein, daß Dichter ihren Liebesneigungen eher, ungehemmter oder exzessiver nachgaben als andere. Die Umwelt sah es ihnen gleichwohl nach und selbst dann noch, wenn sie im Falle anderer Personen mit dem Strafrecht wedelte. Da dies so war, machten diese Literaten von ihrer Freiheit Gebrauch, um anschließend davon zu erzählen; auf diese Art und auf diesem Gebiet haben sie dann jedenfalls präzeptoral gewirkt. Die sittliche Entkrampfung und erotische Freizügigkeit, die heute in unseren Breiten herrschen, ist durch die schöne Literatur vorgelebt und vorbereitet worden.«

Aus dem Vorwort von Rolf Schneider

Rolf Schneider

Ich bin ein Narr und weiß es

Liebesaffären deutscher Literaten

Aufbau Taschenbuch Verlag

ISBN 3-7466-1755-3

3. Auflage 2002
© Aufbau Taschenbuch Verlag GmbH, Berlin 2001
Einbandgestaltung Preuße & Hülpüsch Grafik Design
unter Verwendung des Gemäldes »Adam und Eva«
von Gustav Klimt
Satz LVD GmbH, Berlin
Druck Elsnerdruck GmbH, Berlin
Printed in Germany

www.aufbau-taschenbuch.de

Inhalt

Vorbemerkung

Lieb im Leib
*Johann Wolfgang von Goethe
und Ulrike Levetzow*
13

Keine Gruselei mehr,
keine Beschämung
Friedrich Schlegel und Dorothea Veit
18

Mein Talent steigt und stirbt
mit deiner Liebe
*Annette von Droste-Hülshoff
und Levin Schücking*
25

Die Maitresse der Essiggurke
*Hermann von Pückler-Muskau
und Machbuba*
31

Fern ist der Himmel
Ludwig Börne und Jeannette Wohl
38

Worte! Worte! Keine Taten!
Heinrich Heine und Elise Krinitz
46

Kundrys Parfum
Richard Wagner und Judith Gautier
52

Edles Reh und wilde Sau
Gottfried Keller und Betty Tendering
57

Vergiftete Bonbons
Rosa Luxemburg und Kostja Zetkin
63

Zerbrochene Schwerter im Herzen
Georg und Grete Trakl
78

Liebelei und Vergeltung
Arthur Schnitzler und Adele Sandrock
93

Auf einen anderen Stern gehoben
Stefan George und Max Kronberger
99

Keine Grenzen, kein Genügen
Karl Kraus und Sidonie von Nádherný
106

Zittern wie unter der Sturmglocke
Franz Kafka und Milena Jesenská
113

So leichtfüßig war sein Gang
Klaus Mann und Gustaf Gründgens
119

Das Puma, die Motten, das Licht
*Erich Maria Remarque und
Marlene Dietrich*
128

Träumst von Liebe. Glaubst an keine
Erich Kästner und Ilse Julius
133

Im Pendelschlag des Hin und Her
Martin Heidegger und Hannah Arendt
141

Leere Schaukelstühle
Bertolt Brecht und Ruth Berlau
149

Ich bin ein Narr und weiß es
Ingeborg Bachmann und Max Frisch
155

Zu dieser Ausgabe
163

Vorbemerkung

Es gibt zwei Aussagen, die nicht nur in Deutschland, dort aber vorrangig, über den Beruf des Schriftstellers im Umlauf sind. Die erste lautet: Wer ein gutes Buch schreibt, ist auch ein guter Mensch. Die zweite lautet: Dichter, wie alle Künstler, sind unordentliche Leute und nehmen sich zumal im Erotischen Freiheiten heraus, die als eigentlich unsittlich gelten müssen.

Beide Aussagen scheinen einander auszuschließen, auf den ersten Blick. Was aber ihren Wahrheitsgehalt anlangt, so ist anzumerken, daß beide gleichermaßen zutreffend und unzutreffend sind.

Die erste Aussage, der man gern eine gewisse Blauäugigkeit nachruft, geht zurück auf den begreiflichen Wunsch, daß sich der Hersteller eines ideologisch-intellektuellen Produktes mit demselben in einem Zustand größtmöglicher Übereinstimmung befinde, der Literat also das, was er verkündet, auch selber lebt. Das tut er freilich nicht immer. Ebenso geschieht es, daß er sich zu dem, was er verkündet, in einen skandalösen Widerspruch begibt. Nun geht er einem Geschäft nach, das vor zweihundert Jahren, im Umkreis der Aufklärung, die menschliche Gesellschaft zu verändern trachtete.

In Deutschland probierten dies etwa Friedrich Schiller, der mit seinen Schriften zu einer höheren Sittlichkeit erziehen, und Gotthold Ephraim Lessing, der mit seinem Sprechtheater die deutsche Nation herstellen wollte. Derart verfuhren sie im Gefolge von Frankreichs Enzyklopädisten, denen, was sie erstrebten, sogar gelang, nämlich die Durchsetzung der allgemeinen Menschenrechte und den auf einen Gesellschaftsvertrag sich gründenden Verfassungsstaat.

Besieht man ihr privates Leben, etwa das von Jean-Jacques Rousseau, ist zwischen dem, was einer forderte, und dem, was er betrieb, ein schmerzlicher Unterschied zu erkennen. Dies führt uns hin zu unserer zweiten Aussage: das libertine Leben der Literaten betreffend.

Das gab und gibt es, natürlich, so gut wie es Literaten gab, die ganz mönchisch auftraten oder sich in eine monogame Zweisamkeit einpaßten, die den strengsten Forderungen einer christlich-puritanischen Moral genügten. Daneben freilich findet sich reichlich das Gegenteil, so wie es sich im übrigen Leben auch findet oder fand. Daß wir im Falle der Literaten davon erfuhren, hängt mit ihrer Prominenz zusammen und mit ihrer berufsbedingten Mitteilsamkeit; Literaten schreiben über das, was sie kennen, und was sie am besten kennen, sind allemal sie selbst.

Nun mag sein, daß Dichter ihren Liebesneigungen eher, ungehemmter oder exzessiver nachgaben als andere. Die Umwelt sah es ihnen gleichwohl nach und selbst dann noch, wenn sie im Falle anderer Personen mit dem Strafrecht wedelte. Da dies so war, machten die Literaten von ihrer Freiheit Gebrauch, um anschließend davon zu erzählen; auf diese Art und auf diesem Gebiet haben sie dann jedenfalls präzeptoral gewirkt. Die sittliche Entkrampfung und erotische Freizügigkeit, die heute in unseren Breiten herrschen, ist durch die schöne Literatur vorgelebt und vorbereitet worden.

Um dessentwillen sind die Liebesaffären, die wir im folgenden unterbreiten und von denen die meisten wenig bekannt sind, mehr als bloß eine Sammlung biographischer Pikanterien. Sie sind ein Stück Kultur- und Sittengeschichte. Durchweg handelt es sich dabei um Personen aus dem deutschsprachigen Raum und um Literaten aus den letzten zweihundert Jahren. Man wird erkennen, daß keine einzige der erzählten Geschichten glücklich endet, viele gehen vielmehr dramatisch oder tragisch aus, nur eine schließt mit einer Ehe der Protagonisten ab, und eben da beginnt deren Unglück (was nicht als Plädoyer gegen die Institution der Ehe begriffen sein wolle).

Bei allen anderen Affären geht es um nichteheliche Verbindungen. Es gibt Ehebrüche, Dreiecksverhältnisse, es gibt die Liaison eines alten Mannes mit einer jungen Frau, die einer älteren Frau mit einem jüngeren Mann. Es gibt homosexuelle und pädophile Beziehungen, es gibt den Inzest. Während der letzten zweihundert Jahre deutschsprachiger Belletristik wurde ein gesamter Kosmos der erotischen Leidenschaften ausgemessen, nicht nur in den aufgelegten Büchern, sondern ebenso in den Biographien der Autoren, die sie verfaßten.

Wir handeln also von Dichtern. Wir fassen den Begriff einigermaßen weit, denn wir zählen Richard Wagner ebenso darunter wie Rosa Luxemburg und Martin Heidegger. Man komme uns nicht mit dem Einwand, bei den Genannten handle es sich um einen Komponisten, eine Politikerin und einen Philosophen.

Richard Wagner war auch als Schriftsteller produktiv, zum Beispiel als begabter Dichter seiner eigenen Libretti. Rosa Luxemburg schrieb schöngeistige Prosa von hoher Delikatesse, wie ihre Briefe aus dem Gefängnis beweisen, und Martin Heidegger, ohnehin in seinem Stil der vielleicht literarischste unter den modernen Denkern neben Adorno und Bloch, hat bemerkenswerte Lyrik verfaßt, aus der wir zitieren.

»Ich bin ein Narr und weiß es« ist ein Satz des Schweizer Schriftstellers Max Frisch; er stammt aus der autobiographischen Erzählung »Montauk«. Die meisten Personen, von denen wir erzählen, dürften sich darin wiedererkennen, schon auch, weil der Narr nicht nur eine höchst existentielle, sondern ebenso eine höchst literarische Figur ist. Schöne Literatur, behauptet der bekannte Kritiker Marcel Reich-Ranicki, habe allemal nur zwei wirkliche Gegenstände, die Liebe und den Tod. Dem Tod wollen wir uns ein andermal zuwenden.

Lieb im Leib

Johann Wolfgang von Goethe und Ulrike von Levetzow

Es gab Zeiten, da galt als selbstverständlich, daß ein deutscher Abiturient die Namen aller wichtigen Freundinnen des großen Johann Wolfgang von Goethe herzusagen wußte, denn das Werk des Klassikers aus Weimar, meinte man, lasse sich ohne die einschlägigen biographischen Anlässe schlechterdings nicht begreifen. Derart wurden Käthchen und Friederike, Lili, Marianne, Christiane und die beiden Charlotten in den Köpfen deutscher Bildungsbürger zu festen Größen; man wußte, die Pfarrerstochter aus dem elsässischen Sesenheim war Anlaß gewesen für so außerordentliche Leistungen deutscher Lyrik wie »Mailied«, »Heideröslein«, »Willkommen und Abschied«, das Fräulein Buff aus Wetzlar aber hatte den Weltbestseller von den »Leiden des jungen Werther« inspiriert.

Über die meisten jener Amouren hatte Goethe der Öffentlichkeit selbst Rechtfertigung gegeben, in seiner großen Autobiographie »Dichtung und Wahrheit«. Der Titel legte nahe, daß hier möglicherweise geschönte oder sonstwie wahrheitswidrige Variationen einer Lebensgeschichte vorgetragen würden. Tatsächlich hat ein aus Österreich stammender Psychoanalytiker, K. R. Eissner, vor mehr als fünfzehn Jahren die Legende vom tüchtigen Liebhaber Goethe zu erschüttern gewußt mit der Mitteilung, der Dichter sei bis zu seiner Flucht nach Italien, da war er immerhin schon 37 und nach damaligen Vorstellungen ein älterer Herr, völlig impotent gewesen, wovon er sich erst durch das Beilager mit einer römischen Hure namens Faustina habe befreien können.

Eissners Theorie las sich spannend, litt freilich unter dem Nachteil, daß sie sich, gestützt durch allerlei Indizien, zwar gut behaupten, doch nicht zweifelsfrei beweisen ließ. Zu den jüngsten Äußerungen betreffend Goethes Liebesleben gehört noch die Meinung, Goethe sei homosexuell gewesen.

Ganz zweifelsfrei, da nicht allein durch Goethes eigenes Zeugnis gestützt, ist die späte unter seinen großen erotischen Leidenschaften. Sie ereignete sich im Jahre 1823. Der Dichter war da 74 und nicht nur nach seinerzeitigen Maßstäben ein Greis. Der Ort der Handlung hieß Marienbad. Heute heißt es offiziell Mariánské Lázne, denn es liegt in Böhmen, das damals noch zu Österreich gehörte. Marienbad ist einer von drei benachbarten Badeorten, deren beide andere Karlsbad und Franzensbad sind; aus dem Boden sprudeln heilkräftige Quellen, die man schon zu Goethes Zeiten schätzte. Der Dichter fuhr gerne dorthin, auch weil er in der Gegend seinen naturwissenschaftlichen Neigungen nachgehen konnte, voran der Geologie.

Er fuhr dorthin seit dem Jahre 1821. Er wohnte zunächst im feinsten Haus am Ort, dessen Besitzer, von Brösigke, früher in Preußen Offizier gewesen war und sich rühmen durfte, ein Pate von Fridericus Rex zu sein. Brösigke hatte eine Tochter, Amalie. Goethe war ihr bereits im Jahre 1806 begegnet, wo sie sein Wohlgefallen erregte. Inzwischen war sie eine verwitwete von Levetzow und hatte drei anmutige Töchter, deren älteste Ulrike hieß.

Das Mädchen gefiel Goethe. Sie hatte ihm schon bei der allerersten Begegnung gefallen, 1821, da war sie 17 gewesen. Damals hatte sie keine Ahnung, wer der alte Herr war, der sich da neben sie auf die Bank setzte, um ihr geologische Proben und süße Schokolade zu schenken. Die Begegnungen sollten sich den Sommer darauf wiederholen, und im dritten Jahr war es so, daß Goethe dem Wiedersehen förmlich entgegenfieberte.

Ulrike war ein hübsches Ding, schlank, mit blauen Augen und blondem Haar, das sie in einem Flechtenkranz um den Kopf trug. Goethe wohnte diesmal nicht bei Brösigke, sondern genau gegenüber, im Gasthof »Zur Goldenen Traube«. Bei den Brösigkes war jetzt sein Vorgesetzter und fürstlicher Freund untergekommen, Karl August von Sachsen-Weimar.

Eigentlicher Zweck des Aufenthalts in einem Badeort ist das Kuren. Man entspannt sich. Man trinkt von der Heilquelle. Man promeniert. Der regelmäßige Tagesablauf wird bald ein wenig langweilig, und die Gäste lechzen nach Abwechslung. Also gibt es allerlei öffentliche Zerstreuungen, Konzerte, Empfänge, Treffen, die immer gut besucht sind. Die gesellschaftlichen Regeln lockern sich. Man flirtet. Man belauert einander. Man klatscht.

Der 74jährige Goethe ist eine europäische Zelebrität. Er ist seit sieben Jahren verwitwet. Seine letzte große Leidenschaft hieß Marianne von Willemer und war eine Frankfurter Bankiersgattin, die ihn sehr umschwärmte; das alles ist nun auch schon wieder acht Jahre her. Inzwischen ist er ein höchst eindrucksvoller Greis, aber nun, er ist ein Greis. Sein weißes Haar ist dünner geworden. Ihm fehlen mehrere Zähne. Hat er nicht aber in seiner größten Dichtung, dem »Faust«, einen mystischen Vorgang der Verjüngung beschrieben: durch die Liebe und für die Liebe?

Er weiß, er ist berühmt, und Ruhm macht sinnlich. Er kann es an der weiblichen Aufregung erkennen, die ihn umgibt. Immer wieder promenieren Damen an seinem Hotelfenster vorüber, da sie hoffen, einen Blick auf den prominenten Mann zu erhaschen, und Goethe ist eitel genug, solche Huldigungen entgegenzunehmen, winkend, zumeist angetan mit einem Schlafrock. Junge Damen sind ständig um ihn, meist in Begleitung ihrer Mütter, er teilt Liebkosungen aus und erhält welche.

Doch sein Sinn steht nur mehr nach der einen. Er sieht, er fühlt hinter den anderen bloß immer Ulrike. Er verzehrt sie mit Blicken. Er sitzt neben ihr auf der Terrasse. Er führt sie abends zur Polonaise. Er berührt sie. Er reimt hastige Verse, einer lautet: »So wird von Tag zu Tag ein Traum gedichtet.«

Er begibt sich zum Badearzt. Er läßt sich auf seine Männlichkeit untersuchen. Der Mediziner unterdrückt ein Grinsen, rühmt die beachtliche körperliche Stabilität des Dichters und sieht ihn durchaus befähigt, die Ehe zu vollziehen.

Goethe vertraut sich seinem Fürsten an. Karl August, ein strammer Weiberheld, ist begeistert und verspricht gleich seine volle Unterstützung. Er legt seine Uniform samt Stern und Orden an und begibt sich zu Frau von Levetzow, Ulrikes Mutter.

Er trägt namens Goethe ein förmliches Hochzeitsersuchen vor. Die verwitwete Levetzow ist konsterniert. Der Herzog garantiert seine allerhöchste Protektion und verspricht, Ulrike eine gute Pension auszusetzen, sofern Goethe vor ihr stürbe, außerdem wolle er dem jungen Paar ein eigenes Haus zur Verfügung stellen, gegenüber dem Weimarer Schloß. Ulrikes Mutter bedankt sich artig und erbittet Bedenkzeit.

Der Vorgang blieb nicht unbemerkt. Marienbad vibriert von Gerüchten. Sie gelangen rasch bis nach Weimar, wo Goethes etwas nichtsnutziger Sohn August um das beträchtliche väterliche Erbe zittern müßte, falls es zu einer Eheschließung seines Vaters käme. Aber wird es dazu kommen? Frau von Levetzow hat die alleinige Entscheidung ihrer Tochter Ulrike überlassen. Die lehnt den Heiratsantrag Goethes schließlich ab.

Sofort auch packen die Levetzows ihre Koffer und reisen weiter, nach Karlsbad. Goethe fährt ihnen hinterdrein. Er kann von dem Mädchen nicht lassen. Knappe zwei Wochen wohnen sie alle unter dem gleichen Hoteldach, gemeinsam begehen sie auch Goethes Geburtstag. »Fortgesetzte Lustigkeit«, notiert der Dichter in sein Tagebuch, macht er sich immer noch Hoffnung? Da kommt Ulrike zu ihm. Sie möchte sich von ihm verabschieden. Sie drückt ihm einen kindlichen Kuß auf, den er niemals vergessen wird. Sie reist mitsamt Mutter und Schwestern davon, Goethe wird sie nie mehr wiedersehen. Den Grund für ihre Ablehnung hat sie erst viel später mitgeteilt; sie selbst würde unverheiratet bleiben und ein fast hundertjähriges Stiftsfräulein werden: »Keine Liebe war es nicht.«

Goethe jedoch? Er fühlte sich auf einmal uralt. Er kehrte heim nach Weimar und schrieb während der Fahrt an einem langen Gedicht, das dann sehr berühmt werden sollte, der »Marienbader Elegie«. Schließlich erkrankte er, lag lange danieder, und weder Zugpflaster noch Schröpfköpfe konnten ihm helfen. Die Ärzte waren ratlos. Einzig der alte Freund Carl Friedrich Zelter, der ihn gut genug kannte, stellte ihm die richtige Diagnose: »Lieb im Leib.«

Es war Goethes letzte.

Keine Gruselei mehr, keine Beschämung

Friedrich Schlegel und Dorothea Veit

Im Oktober 1764, ein Jahr nach dem Ende des Siebenjährigen Krieges, wurde in Berlin dem Webereidirektor Moses Mendelssohn und seiner Frau Fromet ein Kind geboren, ihr zweites und das erste, das am Leben blieb. Das Mädchen erhielt den Vornamen Brendel. Sie würde später noch mehrere Geschwister haben.

Die Familie lebte in vergleichsweise unauffälligen Verhältnissen. Dabei war Moses Mendelssohn ein hochberühmter Mann, einer der gelehrtesten Männer seiner Zeit und in Kontakt mit vielen anderen bedeutenden Geistern, seinem Freund Gotthold Ephraim Lessing diente er als Modell für dessen dramatisches Gedicht »Nathan der Weise«. Der kleine verwachsene Mann, einst völlig mittellos von Dessau nach Berlin gekommen, wollte die Juden aus der Dunkelheit des Gettos herausführen in eine Welt der bürgerlichen Gleichheit und humanen Gesittung. Die erste Eindeutschung des Alten Testamentes für Juden stammt von ihm.

Seine für orthodoxe Maßstäbe umstürzlerischen Gedanken und Handlungen führten nicht dazu, daß er sich selber in allem, was er tat, der jüdischen Tradition völlig entfernte. Die Eheschließung seiner 19jährigen Tochter Brendel mit Simon, dem Sohn des Berliner Bankiers Juda Veit, erfolgte ganz im Rahmen üblicher jüdischer Hochzeitshändel: Die jungen Leute wurden nach ihrer Meinung nicht gefragt, die Vereinbarung war ausschließlich Sache der Eltern.

Brendel liebte ihren Mann nicht. Sie litt unter ihm. Simon Veit wird als gutartig, wiewohl nicht sonderlich intelligent geschildert, manche nennen ihn hohl und plump. Er seinerseits war seiner Brendel von Herzen zugetan. Sie gebar ihm zwei Söhne, Jonas und Philipp.

Das friderizianische Berlin, keine reiche, doch eine infolge der militärisch-politischen Erfolge des Königs deutlich aufstrebende Stadt, entwickelte ein kulturelles Leben eigener Art. Es gab bürgerliche Geselligkeit, Brendel Veit hatte sie schon bei ihrem Vater erlebt, in dessen Haus die gebildeten Geister aus und ein gingen und deren Gesprächen sie lauschte. Jetzt eröffneten in Berlin Salons, ähnlich wie in Paris und nach dem dortigen Vorbild, und wie in Paris waren es Frauen, denen die Salons gehörten, was sich auch als eine sanfte Gebärde des Protestes verstand wider das im damaligen Europa herrschende Patriarchat.

Doch während die berühmten Französinnen adligen Geblütes waren, wie die Marquise de Rambouillet oder die Marquise de Lambert, handelte es sich bei den Preußinnen nicht bloß um bürgerliche Frauen, sondern um Jüdinnen, Angehörige wohlhabender Familien wie den Levins, den Beers und den Herz. Das hiermit vorgetragene Emanzipationsbegehren war gleichsam ein doppeltes. Brendel Veit, ausgezeichnet durch ihre Herkunft aus der Familie des berühmten Moses Mendelssohn, befreundete sich sowohl mit Rahel Levin wie mit Henriette Herz. Es bedeutete für sie einen Schritt aus der jüdischen Konvention hinaus, und zur Bestätigung änderte sie jetzt auch ihren Vornamen, in Dorothea.

Bei Rahel Levin lernte sie im Jahre 1797 Friedrich Schlegel kennen. Henriette Herz hat den Augenblick miterlebt: »Sogleich bei diesem ersten zufälligen Zusammentreffen machte sie einen so gewaltigen Eindruck auf ihn, daß er sogar mir bemerkbar wurde.«

Er war das Kind eines protestantischen Pfarrhauses von

einigem Renommee, der Familie entstammten etliche namhafte Dichter und Theologen. Friedrich hatte einen älteren Bruder, August Wilhelm, der als Literat, Übersetzer und Hochschullehrer eine eigene bedeutende Karriere machen sollte. Die beiden Brüder studierten zunächst gemeinsam die Rechte, um sich dann dem Schöngeistigen zuzuwenden. Friedrich ging nach Kursachsen und später nach Berlin. Hier wohnte er bei Friedrich Schleiermacher, dem evangelischen Gottesmann und umschwärmten Prediger.

Friedrich Schlegel war ungewöhnlich belesen und ein luzider Stilist. Er gehörte einer anderen literarischen Generation an als die Weimarer Klassiker Goethe und Schiller, er fühlte anders, schrieb anders, er war eng befreundet mit dem späteren Salinendirektor Friedrich von Hardenberg, der sich Novalis nannte und ein genialischer Lyriker war. Die poetische Schule, die sie begründeten und vertraten, erhielt bald den Namen Romantik; Friedrich Schlegel wurde ihr entschiedener Propagandist. Als er in Berlin eintraf, erst fünfundzwanzigjährig, war er ein bekannter Mann.

Unterdessen hatte sich die Französische Revolution ereignet; in den mehreren Stadien ihrer Radikalisierung bereitete sie dem alten feudalistischen Regime im Land ein Ende. Preußen wurde jetzt regiert von Friedrich Wilhelm III. und der Königin Luise. Die großen Baumeister des Klassizismus von Gilly bis Schinkel setzten in die spröde Stadt an der Spree ihre an Attika und die Toskana gemahnenden Architekturen. Veränderung lag in der Luft. Friedrich Schlegel schien entschlossen, ihr Prophet zu sein, und seine Bekanntschaft mit der Tochter des berühmten Moses Mendelssohn sollte ihn dabei befördern.

»Sie ist nur eine Skizze, aber durchaus in einem großen Stil. Ihr ganzes Wesen ist Religion, obgleich sie nichts davon weiß«, schrieb er schwärmerisch seinem Freund Hardenberg. Dabei war Dorothea Veit keine Schönheit, ganz im Unterschied etwa zu ihrer Freundin Henriette Herz; ihre Physiognomie erinnerte deutlich an die des Vaters. Sie galt als klug, gebildet, leidenschaftlich und glutvoll. Eine rundum strahlende Erscheinung war freilich auch Schlegel nicht; Goethe, den er gekränkt hatte und der ihn deswegen nicht leiden konnte, nannte ihn »den immer Hetzenden und immer Gehetzten und eine rechte Brennessel«.

Bereits im September schrieb Schlegel an den Freund Novalis, er »erwarte kommende Nacht ein schönes Notturno«. Es geschah, daß Dorothea »sich ihm auf ewig ergab und ihm die Tiefe ihrer großen Seele öffnete, und alle Kraft, Natur und Herrlichkeit, die in ihr war«. Die Verbindung blieb zunächst heimlich; freilich hatte sich der Klatsch ihrer längst angenommen, und Dorothea war entschlossen, dem Versteckspiel möglichst bald ein Ende zu setzen.

Im Dezember 1797 trennte sie sich vom ihrem Ehemann. Simon Veit wußte sich nicht zu lassen vor Verzweiflung, aber er zeigte sich nobel genug, Dorothea freizugeben; ihren jüngsten Sohn Philipp nahm sie mit sich, während der älteste beim Vater blieb. Sie bezog eine eigene kleine Wohnung in einer abgelegenen Berliner Straße. »Kaum fühle ich noch recht«, schrieb sie, »noch jetzt ist es mir wie einem, der lange eine große Last getragen, er glaubt sie noch zu fühlen, nachdem er ihrer schon längst entledigt ist.« Und, jubelnd: »Jetzt bin ich, was ich längst hätte sein sollen ... Jetzt bin ich glücklich und gut – keine Gruselei mehr, keine Beschämung ...«

Keine Beschämung? Sexuelle Freizügigkeit hatte bislang zu den Gewohnheiten des Adels gehört; das Bürgertum, zu dem Schlegel wie Dorothea zählten, setzte dem seine strikt praktizierte puritanische Moral entgegen, die Dramen Schillers und des Mendelssohn-Freundes Lessing waren davon voll. Aber diese Moral begann zu zerbröseln. August Wilhelm, Friedrichs Bruder, ehelichte die geschiedene Caroline Böhmer, die sich von einem französischen Revolutionsoffizier ein Kind hatte machen lassen und später dem Philosophen Schelling zulief, wogegen August Wilhelm bald zum libertinen Kreis der Madame de Staël gehörte. Im Falle der Dorothea Veit kam noch etwas weiteres hinzu: Sie war eine Jüdin.

Anfang 1799 ließ sie sich scheiden und trat nunmehr mit ihrem Friedrich in aller Öffentlichkeit auf. Das erregte größtes Aufsehen. Die Berliner Judenheit empörte sich über die Sittenlosigkeit der Tochter Moses Mendelssohns, die sich einem verkommenen Predigersohne hingab, während die Christen wegen der jüdischen Konkubine eines Theologensprosses ihr Entsetzen äußerten. Die beiden versuchten das auszuhalten. Schlegel setzte sich hin und verfaßte trotzig ein Romanbuch, das in kaum verschlüsselter Form die eigene Liebesgeschichte beschrieb, »Lucinde«.

Er tritt darin als Julius auf, sie als die Titelheldin. Der Roman ist ein in hohem Tone verfaßter Traktat gegen die aus bloß wirtschaftlichen Überlegungen eingegangene und eingehaltene Institution der Ehe, er ist ein Hymnus auf die freie Liebe und die natürliche, von reiner Zuneigung getragene Verbindung zweier Menschen. »Ich würde es für ein Märchen gehalten haben, daß es solche Freude gebe und solche Liebe, wie nur ich sie fühle, und eine solche Frau, die mir zugleich die zärtlichste Geliebte und die beste Gesellschafterin wäre und auch eine vollkommene Freundin.« So jubelt der Romanheld. In der Angeschwärmten sollte man Dorothea erkennen.

Das Buch wurde ein Skandal. Es gab Verrisse, bösartige Polemiken und Spottverse die Menge, nur der Freund Schleiermacher ergriff für »Lucinde« öffentlich Partei. Sofern sich Schlegel aber erhofft haben sollte, mit seinem Buche wenigstens viel Geld zu verdienen, sah er sich enttäuscht: Der Verkaufserfolg blieb mäßig, die Zeiten, da ein großer Skandal großen Umsatz brachte, waren noch nicht heran.

Schlegel und Dorothea verließen Berlin. Sie gingen nach Jena, wo sie Freunde hatten; noch immer lebten sie in unehelicher Gemeinschaft, aus Prinzip und auch, weil Dorothea laut Scheidungsvertrag bei einer Wiederheirat ihren Sohn Philipp hätte hergeben müssen. Jena war nur die erste Station eines unsteten Wanderlebens. Hernach ging es zunächst wieder zurück nach Berlin, dann nach Dresden, dann nach Weimar und schließlich, 1802, nach Paris. Schlegel war fleißig. Er schrieb viel und verdiente wenig, Dorothea half ihm, übersetzte und verfaßte selbst einen Roman, der als Gegenstück zu »Lucinde« gedacht war, der den Titel »Florestan« trug und so wenig Erlös brachte wie das Romanbuch des Gefährten. Schlegel hielt Vorträge und hatte Privatschüler. Dorothea betrieb eine Fremdenpension.

Hatte nicht Friedrich Schlegel die freie Verbindung der Geschlechter gerühmt, die nur eine Grundlage habe: »Glauben aneinander«? Um heiraten zu können, hätte Dorothea außerdem konvertieren müssen, und »durch eine Taufe würde die Familie mehr als billig beleidigt werden«. Inzwischen war Zeit vergangen. Die Unbedingtheiten der frühen Jahre galten nicht mehr. 1804, noch in der französischen Hauptstadt, trat Dorothea zum Protestantismus über, ehelichte ihren Friedrich, und bald darauf wechselten beide Schlegels zur katholischen Kirche. Es war die aufseufzend vollzogene Rückkehr in die Wonnen der Gewöhnlichkeit.

Sie entsprach einem Zug der Zeit. Der Freiheitsrausch, den die Französische Revolution einst erregt hatte, war längst in den Imperialismus des Kaisers Napoleon gemündet, gegen den das alte Europa nun seine Kräfte mobilisierte; die römische Kirche war eine der wesentlichen Bastionen. Die deutschen Romantiker strebten ihr vielfach zu, so auch der einstige Freigeist Brentano; andere, wie Eichendorff, waren ohnehin katholisch getauft und blieben ihrem Glauben treu.

Ab 1809 lebten die Schlegels in Wien. Sie waren bei Hofe gelitten, Friedrich machte Karriere an der Hochschule, er war auch als Diplomat unterwegs, beim Wiener Kongreß und beim deutschen Bundestag. Metternich ernannte ihn zum Hofrat, und der Papst verlieh ihm einen hohen Orden. Der skandalöse Roman »Lucinde«? Vergessen und verweht. Schlegel wurde fett und ein politischer Reaktionär, er hatte Affären mit anderen Frauen, seine Dorothea lebte geduldig neben ihm her und kümmerte sich um ihre beiden Söhne.

Schlegel lebte bis 1829. Die um sieben Jahre ältere Dorothea wurde eine reizende biedermeierliche Greisin und starb erst ein Jahrzehnt nach ihm.

Mein Talent steigt und stirbt
mit deiner Liebe

Annette von Droste-Hülshoff
und Levin Schücking

Drost bedeutet Truchseß. Ein Uradelsgeschlecht aus dem Westfälischen, nachweislich seit dem Anfang des 13. Jahrhunderts, stellte über mehrere Generationen das Amt des Drosten im Domkapitel zu Münster und übernahm den Titel schließlich als festen Bestandteil in seinen Sippennamen. Zu Anfang des 15. Jahrhunderts erwarb es Rittergut und Wasserschloß Hülshoff. Berühmtester Abkömmling der Familie wurde Freiin Elisabeth Anna, 1797 geboren und genannt Annette. Sie war eines von vier Geschwistern. Man war leidlich wohlhabend, sehr katholisch und stockkonservativ.

»Ob ich sie hübsch nenne? Sie ist es zwanzigmal im Tage und ebensooft wieder fast das Gegenteil: ihre schlanke, immer etwas gebückte Gestalt gleicht einer überschossenen Pflanze, die im Winde schwankt; ihre nicht regelmäßigen, aber scharf geschnittenen Züge haben allerdings etwas höchst Adliges und können sich ... bis zum Ausdruck einer Seherin steigern, aber das geht vorüber, und dann bleibt nur etwas Gutmütiges und fast peinlich Sittsames zurück ...«

Diese Beschreibung einer literarischen Figur aus der Feder Annettes ist bezeugtermaßen ein Selbstportrait. Es ist sehr genau.

Der Text entstand ums Jahr 1841; unter den mehreren künstlerischen Talenten der Freiin Annette erwies sich das poetische als das stärkste. Sie schrieb Verse auf Motive aus ihrer Heimat, auch einen Gedichtzyklus auf die

Ereignisse des Kirchenjahrs. Die Inbrunst, die aus ihren religiösen Zeilen spricht, hat eine spürbar erotische Grundierung. Bei weiblichen Mystikern früherer Jahrhunderte sprach man in solchen Fällen von Gottesminne.

Sie gehörte zu literarischen Zirkeln, wo sie sich mit Katharine Schücking anfreundete, einer Witwe, die einen Sohn hatte, Levin. Als sie plötzlich starb, hinterließ sie ihr Kind in ziemlich elenden materiellen Verhältnissen. Er war ein hübscher und liebenswürdiger Junge. Annette empfand für ihn zunächst ein Gefühl mütterlicher Fürsorge, Levin nannte sie »liebes Mütterchen«.

Er kam zu ihrem Jour fixe, jeden Dienstag. Sonntags sah man sich im größeren Kreis. Der seinerseits literarisch begabte junge Mann witterte das ungewöhnliche Talent der Freiin. Als er das Angebot erhielt, ein Buch über Westfalen zu verfassen, ließ er sich von der Droste viele Texte schreiben. Der Kontakt zwischen den beiden war eng und würde enger werden. Wenn er sie besuchen sollte, stand sie lange vorher am Fenster, vor den Augen ein Fernrohr; sie wollte rechtzeitig sein Bild erhaschen, und sie war sehr kurzsichtig. Levin hängte sich an die »kleine, zart und leidend aussehende Dame mit merkwürdig blauen Augen«, wie er sie später beschrieb, »der Augapfel fast konisch gebildet, man sah die Pupille durch sein Lid schimmern«.

Annettes Leiden betrafen nicht nur ihre Sehkraft. Sie hustete ständig, sie litt an der Schilddrüse, das feuchte Klima des Münsterlands war Gift für ihre Lungen. So begab sie sich immer wieder auf Reisen.

Ihre Schwester Jenny und deren Mann lebten am Bodensee. Annettes Schwager hatte sich die Meersburg gekauft, und dorthin reiste Annette im September des Jahres 1841. Sie wohnte in einem der Schloßtürme. Ihr Schwager benötigte gerade dringend einen Bibliothekar, und dieser Bibliothekar traf auch umgehend ein. Er hieß Levin Schücking.

Er blieb sechs Monate und war für diese Zeit von allen materiellen Sorgen befreit. Die Anstellung hatte natürlich Annette vermittelt, und Jenny hatte den Wunsch weitergegeben an ihren Mann: Sie wollte der kranken Schwester, der sie besonders anhing, bei dieser letzten und einzigen Erfüllung ihrer erotischen Sehnsüchte ein wenig behilflich sein.

Ein sanfter Beigeschmack von Kuppelei haftet an der Sache. Ist das zu tadeln? Die Szenerie hatte sich verwandelt. Aus der flachen, dunklen, schwermütigen Kulisse Westfalens war man gewechselt in den sensualistischen Überfluß des Bodenseeufers, mit seinen im Dunst zerfließenden Konturen, mit seiner bestürzenden vegetativen Üppigkeit.

> Stunden, flüchtger ihr als der Kuß
> Eines Strahls auf den trauernden See,
> Als des ziehenden Vogels Lied,
> Das mir nieder perlt aus der Höh,
>
> Als des schillernden Käfers Blitz,
> Wenn den Sonnenpfad er durcheilt,
> Als der heiße Druck einer Hand,
> Die zum letzten Male verweilt.

Dabei hielt man äußerlich auf Formen. Sie habe nur wenig Kontakt mit Schücking, schreibt Annette beschwichtigend ihrer mißtrauischen Mutter, »ich habe die Sache nicht gemacht, habe auch nichts daran ändern können, würde es auch auf keinen Fall getan haben, sondern wäre eher selbst zu Hause geblieben«. Alles gelogen.

Sie unternimmt mit Schücking gemeinsame Spaziergänge, oft dauern sie stundenlang.

> Auch weiß ich eine Gestalt,
> So leicht und kräftig zugleich,

Die schreitet vor mir im Wald
Und gleitet über den Teich;

Ja, als ich eben in Sinnen
Sah über des Mondes Aug
Einen Wolkenstreifen zerrinnen,
Da war ihre Form, wie ein Rauch.

Eine Transposition ins lyrische Bild. In ihren Briefen
wird Annette deutlicher: »Solltest Du wohl recht wissen,
wie lieb ich Dich habe? Ich glaube kaum … Gott, was
können ein paar Monate alles mitnehmen.« Oder: »Mein
Talent steigt und stirbt mit deiner Liebe; was ich werde,
werde ich durch dich und um deinetwillen … mich dünkt,
könnte ich doch alle Tage nur zwei Minuten sehen – o Gott,
nur einen Augenblick – dann würde ich jetzt singen, daß
die Lachse aus dem Bodensee sprängen und die Möwen
sich mir auf die Schulter setzten …«
Bis dann selbst die Verse ganz unverstellt werden:

Nun aber bin ich matt
Und möcht an deinem Saum
Vergleiten wie ein Blatt,
Geweht vom nächsten Baum;

Du lockst mich wie ein Hafen,
Wo alle Stürme stumm:
O, schlafen möcht ich, schlafen,
Bis meine Zeit herum!

Anfang April 1842 verabschiedet sich Levin Schücking
von der Meersburg. Die Zeit ist tatsächlich herum, denn
es wartet eine neue Stellung auf ihn: Er wird Prinzen-
erzieher bei einem Fürsten. Der Siebenundzwanzigjäh-
rige verläßt die kleine hüstelnde Dame von fünfundvier-
zig, die, wie man es ihr anerzogen hat, den Abschied in
äußerlich gefaßter Haltung erträgt und das, was sie tiefin-

nerlich erschüttert, in vieldeutige Worte fassen wird, angefüllt mit Todesbegehren, Ekstase, Trauer und Schmerz.

Es darf als sicher gelten, daß Schücking diesen Abschied eher als eine Befreiung erlebt. Er hat ihn deswegen auch forciert. Er schreibt dann Annette, wie sie ihm: »Ich denke in meiner Einsamkeit alle Tage wohl zehnmal an Dich und wette, Du Schlingel denkst alle zehn Tage kaum einmal an mich; darum mag ich es Dir auch gar nicht sagen, wie lieb ich Dich habe ...«

Er wird Mitarbeiter bei einer Zeitung. Endlich steht er wirtschaftlich auf eigenen Füßen, und nun kann er auch heiraten. Die Droste weiht er in alle seine Pläne ein; er schwärmt von seiner Braut, sie sei »eine ganz außerordentliche Erscheinung, sie ist etwas größer als ich, stark und doch sehr schlank, höchst lebhaft und überhaupt zum Glänzen geboren«. Hat er die Wirkung solcher Worte auf Annette bedacht? Hat er sie gewollt? Sie antwortet lange überhaupt nicht, dann wieder in schier endlosen Briefen. »Lieb Herz, ich bin sehr, sehr müde und angegriffen; meine Kräfte sind total zu Ende, und ich habe das Wichtigste kaum noch berührt.«

Annette hat sich in Meersburg ein eigenes Anwesen ersteigert, das Fürstenhäuschen. Im Frühjahr 1844 sieht sie Schücking dort noch einmal. Er kommt nach Meersburg, auf dreieinhalb Wochen. Er kommt nicht allein, sondern bringt seine Frau mit. Sie sei »sehr schön, sehr talentvoll, hat aber auch die Gnade von Gott, dies zu wissen, weshalb sie mir doch nicht recht zu Gemüte wollte«, schreibt die Droste einer Verwandten, was in höflichen Worten ihre Abneigung dartut und den Umstand, daß der Bruch nunmehr da und vollkommen ist.

Daß er an ihrem Literaturruhm schmarotze, hat sie schon frühzeitig geargwöhnt. Am Ende verdächtigt sie ihn der Erbschleicherei, da er sie überreden will, gemeinsam mit ihm Geld in ein Gut zu stecken. Sie erkrankt schwer. Es existieren ein paar Daguerreotypien von ihr aus dieser letzten Phase ihres Lebens, sie zeigen eine dürre und verhärmte alte Frau. 1848 stirbt sie.

Levin Schücking schreibt jetzt einen Roman um den anderen. Eine Ausgabe seiner ausgewählten Werke wird schließlich auf vierundzwanzig Bände wachsen. Er hat viel Erfolg, doch sein Erfolg ist kurzatmig. Zusammen mit Jenny, der Schwester, gibt er 1860 Annettes Nachlaß heraus. 1862 veröffentlicht er seine Erinnerung an sie, und von 1878 an ediert er ihre sämtlichen Werke. Es sind dies die Arbeiten, die von ihm geblieben sind.

Die Maitresse der Essiggurke

Hermann von Pückler-Muskau
und Machbuba

Mit dem Namen Fürst Pückler verbinden die meisten eine Schnitte Halbgefrorenes, komponiert aus Vanille-, Schokoladen- und Erdbeereis. Manche wissen, daß der Mann als Gartengestalter im sächsischen Bad Muskau und in Branitz bei Cottbus bedeutende Parkanlagen schuf. Daß er daneben ein vorzüglicher Prosaschriftsteller war und ein Weltenbummler von zu Zeiten europäischer Prominenz, ist kaum noch jemandem geläufig.

Hermann Ludwig Heinrich von Pückler-Muskau wurde 1785 geboren, als das Kind schwerreicher und miteinander völlig verzankter Eltern, die sich später scheiden ließen. Zwecks Erziehung kam er unter anderem zu den Herrnhutern, deren radikale Frömmigkeit bei ihm genau das Gegenteil bewirkte, nämlich einen lebenslangen Hang zu ausschweifendem Genuß. Er wurde danach von Hauslehrern unterrichtet, studierte ein wenig die Rechte und begann eine Offizierslaufbahn in der sächsischen Armee. Als er fünfundzwanzig war, starb sein Vater; er wurde Besitzer von Ländereien, die eine Ausdehnung von 550 Quadratkilometern hatten und zu denen eine Stadt, 45 Dörfer, 20 Pachthöfe, außerdem Mühlen, Wälder, Fabriken und Mineralquellen gehörten.

Er war damit einer der reichsten Männer in Deutschland: auf dem Papier, denn seine Besitzungen waren schwer verschuldet, vornehmlich durch ihn selbst, da er als Student und Offizier das Geld mit vollen Händen ausgegeben hatte. Zudem erfolgten Mißernten, und es herrschte Krieg:

Napoleons Truppen durchzogen das Land, was alles zusammen Pücklers Revenuen fast zum Erliegen brachte und seine Schulden anwachsen ließ.

Für junge Leute aus vornehmer Familie, die auf Geldsuche waren, blieb der übliche Weg einer Brautschau im Milieu der Begüterten. Auch Pückler verfuhr so. Seine Wahl fiel auf Lucie, Tochter des preußischen Staatskanzlers von Hardenberg; ihre noch bestehende Ehe mit dem Reichsgrafen von Pappenheim existierte nur mehr formell und sollte bald geschieden werden. Als Pückler um Lucie warb, fuhr er vor ihrem Berliner Haus in einer durch vier zahme Hirsche gezogenen Kutsche vor; dies erregte ein außerordentliches Aufsehen und wurde gleich in einer Zeichnung festgehalten. Lucie ließ sich beeindrucken und gab ihr Jawort.

Sie war neun Jahre älter als Pückler. In ihrer Jugend galt sie als attraktiv, jetzt war sie etwas füllig geworden. Sie hatte zwei fast erwachsene Töchter, von denen eine, Helmine, die erotische Begehrlichkeit Pücklers so sehr erregte, daß er seiner Lucie allen Ernstes eine Ehe zu dritt vorschlug, worauf sie aber nicht einging. Sein Schwiegervater versorgte ihn mit dem Fürstentitel.

Dabei ließ Pückler keinerlei Zweifel daran, daß seine Verbindung mit Lucie nichts weniger denn eine Liebesheirat war; er hatte sich von ihr völlige sexuelle Freiheit ausbedungen, was sie ihm aufseufzend gewährte. Zum Dank schrieb er ihr zahllose Briefe, in denen er ausführlich alle seine Abenteuer dartat, auch die erotischen. Er nannte sie Schnucke.

Er hatte drei überaus kostspielige Leidenschaften: das Reisen, das Anlegen von Parkgärten und die Frauen. Gereist war er schon als junger Mensch, quer durch Deutschland, quer durch die Schweiz und bis nach Italien; er war auch in Weimar gewesen und hatte den für Gebildete obligaten Besuch bei Goethe absolviert, mit dem er sich über dessen Parkanlage an der Ilm unterhielt. Spätestens hier festigte sich seine exzessive Leidenschaft für die Gartengestaltung nach englischem Vorbild. In Muskau kündigt er seinen Pächtern und ließ für sehr viel Geld einen Landschaftspark anlegen

Trotz seiner Heirat mit der Schnucke waren seine Schulden nicht wesentlich geringer geworden, denn die geborene Hardenberg verhielt sich in Gelddingen ebenso verschwenderisch wie ihr Mann. Um dieser mißlichen Situation abzuhelfen, hatte Lucie einen bizarren Einfall: Die Pücklers sollten ihre Ehe, die ohnehin bloß auf dem Papier bestand, auflösen lassen, damit Pückler frei würde für eine andere Hochzeit mit einer begüterten Frau. Die Scheidung wurde vollzogen, und Pückler brach auf nach England, das fortgeschrittenste Land des Kontinents, wo, so meinte er, besonders stattliche Vermögen zu holen waren.

Er blieb zwei Jahre. Er bereiste alle Regionen südlich des Tweed, außerdem Irland. Er hatte ungezählte Affären, darunter eine mit der Sängerin Henriette Sontag, doch eine millionenschwere Braut fand er nicht. In den britischen Salons brachte er es als Prince Pickle (Essiggurke) zu einer gewissen Berühmtheit; Charles Dickens porträtierte ihn in seinen »Pickwickiern«. Seiner Schnucke sandte er viele Briefe. Als er 1829 zurückkehrte, waren seine Schulden abermals gewachsen.

Da hatte die Schnucke den Einfall, Pücklers Reisebriefe, gereinigt um die darin reichlich ausgebreiteten Erotica, zu einem Buche zusammenzufassen. Der Band kam heraus und wurde zu einem außerordentlichen Erfolg, Übersetzungen erschienen bis hin nach Amerika. Pückler ließ weitere Bände mit Reisebildern und Feuilletons drucken. Die eintreffenden Honorare erleichterten ihm seine desaströse wirtschaftliche Situation.

Er brach zu weiteren Reisen auf. Er fuhr nach Nordafrika und Griechenland. Die damals angesehenste Tageszeitung in Deutschland, die Augsburger Allgemeine, für die auch Heinrich Heine schrieb, beschäftigte ihn als ihren Korrespondenten. Der türkische Vizekönig Ägyptens, Mehmet Ali, autokratischer Herrscher des Landes am Nil, lud ihn zu einem Besuch ein, und Pückler leistete Folge. Anfang Januar 1837 erreichte er den Hafen von Alexandria.

Er reiste in großer Begleitung, mit einem Arzt, einem Dolmetscher, einem Sekretär, einem Kammerdiener und einem Pagen; die Kosten für alles trug Mehmet Ali, das Reiseziel lautete Oberägypten. Um bei alledem die Freuden der Liebe nicht entbehren zu müssen, begab sich Pückler auf den Sklavenmarkt von Kairo, um sich eine Bettgenossin zu kaufen. »Woher des Himmels Namen«, schwärmte er, »haben diese Mädchen, die barfuß gehen und nie Handschuhe tragen, diese zarten, gleich einem Bildhauermodell geformten Hände und Füße; sie, denen nie ein Schnürleib nahekam, den schönsten und festesten Busen; solche Perlzähne ohne Bürste noch Zahnpulver, und obgleich meistens nackt den brennenden Sonnenstrahlen ausgesetzt, doch eine Haut von Atlas, der keine europäische gleichkommt und deren dunkle Kupferfarbe, gleich einem reinen Spiegel, auch nicht durch das kleinste Fleckchen verunstaltet wird?«

Er erstand für eine »ziemlich ansehnliche Summe« eine junge Abessinierin. »Sie war, als ich sie kaufte, zehn Jahre alt, aber schon körperlich vollkommen und üppig ausgebildet … Alle Sinne schon in der Blüte, der Geist aber noch wie ein unbeschriebenes Blatt …« Er nahm das Mädchen mit auf das Schiff, das ihn den Nil hinanschipperte. Als die erste Etappe der Reise hinter ihm lag, wußte er, daß er sich rettungslos verliebt hatte.

Sie trug den Namen Ajiamé. Anfangs mußte er sich mit ihr über einen Dolmetscher verständigen. Dann brachte er ihr das Italienische bei, was sie ziemlich rasch erlernte, worauf er sich mit ihr ohne fremde Hilfe unterhalten konnte. Er erfuhr, daß sie eigentlich Machbuba hieß, was »die Goldene« bedeutete und sich offenbar auf die Farbe ihrer Haut bezog, die, laut Pückler, »einem über Goldplatten ausgebreiteten dunklen Seidenflor« glich. Sie stammte aus der äthiopischen Provinz Guma, aus der Familie eines Hofbeamten, war im Krieg verschleppt und auf den Sklavenmarkt gebracht worden.

Pücklers Aufenthalt zog sich hin. Er bereiste Ägypten, dann Palästina. Machbuba blieb immer bei ihm, in Mameluckenkleidung, sie erwies sich als eine vorzügliche Reiterin. Gemeinsam überstanden sie Unfälle und Krankheiten. Ihre Reise ging weiter nach Syrien und schließlich nach Konstantinopel. Nach fast drei Jahren kehrte der Fürst nach Mitteleuropa zurück, in seiner Begleitung waren mehrere Pferde und seine äthiopische Geliebte Machbuba.

Er hatte in all dieser Zeit getreulich lange Briefe an seine Schnucke geschrieben. Er hatte ihr vorsichtig von Machbuba erzählt und mitgeteilt, er gedenke seine schöne Sklavin nach Deutschland mitzubringen. Seine geschiedene Frau entsetzte sich darüber; sie hatte bisher alle Amouren ihres Ex-Mannes geduldet, die Farbige aus Äthiopien war ihr zuviel: »Sieh es nicht als prüde Widerspenstigkeit meinerseits an, wenn ich die türkische Sitte nicht mit mir vereinbar finde …« Er ließ sich von seinem Entschlusse nicht abbringen: »Ich habe mich so an sie gewöhnt …«

Pückler war auf der Donau bis Budapest gereist und fuhr weiter bis nach Wien. Er gab Machbuba als sein Adoptivkind aus; es »glaubte kein Mensch dieses Märchen, aber alle taten so, um ihre Neugierde befriedigen zu können … Minister und Große luden sie mit mir zur Tafel, die vornehmsten Damen besuchten sie im Hotel, wo ich wohnte, unter denen die Oberhofmeisterin der Erzherzogin Palatin gar keinen Anstoß daran nahm, daß in Machbubas Schlafzimmer, wohin sie aus Versehen geführt wurde, zwei Betten standen.« Sie blieben für mehrere Wochen in Österreich, dann wollten sie nach Muskau reisen.

Da erkrankte Machbuba. Die Sache erwies sich als äußerst hartnäckig, das Mädchen magerte zusehends ab, und nicht einmal der Leibarzt des Staatskanzlers Metternich konnte ihr helfen. »Die arme Machbuba ist wie ein Skelett«, schrieb Pückler, »und ich fürchte sehr für sie.« Im September 1840 langte er mit ihr in Muskau an, wo sie trotz aller medizinischen Bemühungen immer noch weiter verfiel.

Die Schnucke, die nur immer abfällig von der »todkranken Mätresse des Fürsten« sprach, rief Pückler nach Berlin. Er leistete Folge, während in seinem sächsischen Schloß seine äthiopische Freundin langsam zugrunde ging. Der behandelnde Arzt schickte ihm ausführliche Krankenberichte, die ihn sonderbar wenig zu berühren schienen, er selbst wechselte mit der Geliebten ein paar Briefe in italienischer Sprache. Ende Oktober mußte der Arzt dann rapportieren: »Gestern noch versuchte sie an Euer Durchlaucht zu schreiben, und als die Schwäche sie an der Fortsetzung hinderte, sagte sie: Scrivete un buon, buon addio al mio caro Principe … Sie starb ruhig oder ist vielmehr in ruhigen Atemzügen eingeschlafen. Gott lasse sie sanft ruhen.«

Erst da begann Pückler den Verlust, den er erlitten hatte, zu begreifen und erging sich in wortreicher Trauer: »Hätte ich meiner ahnenden Besorgnis gefolgt, so wäre ich zur rechten Zeit dagewesen – Gott hat es nicht gewollt! Und mir bleibt der bittere Schmerz und eine Sehnsucht, welche die Zeit schwächen, aber nie mehr befriedigen kann …« Er fuhr nach Muskau, setzte sich an Machbubas Totenbett und klagte vor sich hin. Dann ließ er sie im Park von Muskau beisetzen, an ihrem Grabe vergoß er »im Schein des Mondes viele heiße Tränen«.

Er trauerte sehr ausführlich. Er betrieb einen förmlichen

Totenkult um Machbuba, ganz nach dem Stil der Schauer-
romantik, in deren literarischem Dunstkreis er groß geworden war. Schloß und Park Muskau mußte er später
verkaufen, um endlich seine Schulden bezahlen zu können; er zog in seinen anderen Besitz Branitz und nahm das
Bildnis der toten Geliebten dorthin mit.

Auch in Branitz legte er einen Park an, schrieb weiterhin Bücher und hatte bald wieder allerlei leidenschaftliche
Amouren. Er wurde 86 Jahre alt. Er starb wenige Wochen
nach der Gründung des Deutschen Kaiserreiches im Schloß
von Versailles. Er ließ sich beisetzen in einem eigens errich-
teten Totenhügel des Branitzer Parks. Machbubas Bildnis hängt heute noch im dortigen Schloß. Sie trägt einen
Turban, einen Mameluckenanzug und sieht sonderbar
androgyn aus.

Fern ist der Himmel

Ludwig Börne und Jeannette Wohl

Die Judengasse im alten Frankfurt am Main maß 330 Meter in der Länge und war um die drei Meter breit. Es gab zu ihr drei Zugangstore, die abends geschlossen wurden. Hier lebten dreitausend Menschen, in Häusern, die eng bei eng standen, allesamt mehrstöckig, da die Grundabmessungen vorgegeben und Erweiterungen einzig in die Höhe möglich waren. Die Gasse vermittelte den Eindruck von übelriechendem Elend, aber man konnte in ihr auch sehr reich werden, wie etwa die nach ihrem Hauszeichen benannte Familie der Rothschilds, die von hier stammte und schon bald eine der mächtigsten Bankiersdynastien in ganz Europa sein würde. Im Haus Nummer 118 wurde einem anderen durch seine Geldwechselgeschäfte wohlhabend gewordenen Manne, Jakob Baruch, am 24. Mai 1786 ein Sohn geboren.

Er erhielt die Vornamen Juda Löw. Er war ein häufig kränkelndes Kind, das sich zudem mit seinem Vater nicht sonderlich gut verstand. In seinem schwächlichen Leib wohnte freilich ein sehr gesunder und hochgescheiter Geist, der ihm bald den Necknamen Kalev eintrug, das hebräische Wort für Witzbold. Er wurde durch einen Hauslehrer ausgebildet, war später Schüler einer Privatschule in Gießen und ging mit sechzehn Jahren nach Berlin, wo er bei dem jüdischen Arzt und Humanisten Markus Herz wohnte, einem vielbeschäftigten Mann, der sich wenig um den Jungen kümmern konnte. Herz' Frau, mit Vornamen Henriette, war eine stadtbekannte Schönheit und hielt sich einen berühmten Salon, in dem alles verkehrte, was in der damaligen preußischen Residenzstadt intellektuell-gesellschaftlichen Ehrgeiz hatte, von den Gebrüdern Humboldt über Gentz und Schleiermacher bis zu den Gebrüdern Schlegel.

Der jugendliche Baruch aus Frankfurt am Main, der sich mit Vornamen jetzt Louis rufen ließ, verliebte sich in die schöne Henriette. Als ein halbes Jahr später der Dr. Herz sehr plötzlich starb, sah er gar die Gelegenheit, der Angebeteten seine Zuneigung einzugestehen. Sie hörte ihm zu, aber sie erhörte ihn nicht. Louis Baruch spielte mit Selbstmordgedanken. Die verwitwete Herz besänftigte ihn und richtete ihn auf. Er goß seine Emotionen in ein ausführliches Tagebuch und reiste ab. »Ich muß mich retten, sonst gehe ich zugrunde«, notierte er, zur Erklärung.

Er begann zu studieren, Medizin zunächst, denn das Arztfach war eine der wenigen damals für Juden problemlos zugänglichen akademischen Disziplinen. Später studierte er Kameralistik, was man mit Verwaltungsrecht übersetzen kann; da hatten sich die Zeiten bereits geändert: Französische Revolution und Napoleon zuerkannten den Juden die vollen Bürgerrechte, und mit den siegreichen Truppen des Kaisers gelangte diese Praxis auch nach Deutschland. Baruch führte ein etwas unstetes Wanderleben, studierte in Halle, dann in Heidelberg, dann in Gießen, im Jahre 1808 promovierte er.

Anschließend kehrte er in seine Geburtsstadt Frankfurt zurück. Eine Weile lungerte er tatenlos umher und arbeitete dann als Aktuarius für die örtliche Polizeibehörde. 1815 war das politische Schicksal des Franzosenkaisers Napoleon besiegelt, und mit der Restauration kehrten die alten gesellschaftlichen Zustände zurück. Baruch gab seinen Staatsdienst auf und begann eine neue Karriere.

Zunächst trat er von der jüdischen zur christlich-protestantischen Religion über und änderte dabei seinen Namen in Karl Ludwig Börne. Seine Motive waren gänzlich areligiös. Er suchte ein Entreebillet in die bürgerliche Gesellschaft. Dann begann er eine Tätigkeit als freier Autor. Er gründete Zeitschriften, die er überwiegend mit eigenen Beiträgen füllte, Texten zu Literatur, Sprache und Kunst, zu Gesellschaft und Politik. Er wurde rasch bekannt, auch im Ausland, er kam in Kontakt mit einflußreichen Verlegern, und höchste staatliche Instanzen versuchten ihn einzukaufen, um sein Talent für ihre Zwecke nutzbar zu machen. Er verweigerte sich. Schließlich ging er nach Frankreich, wo er fortan die meiste Zeit seines Lebens verbringen und wo er am Ende auch sterben würde.

Zuvor aber erlebte er nach der Schwärmerei für Henriette Herz seine zweite große erotische Leidenschaft.

Sie galt einer Frankfurter Jüdin namens Jeannette Wohl. Das Datum der ersten Begegnung hat er selbst überliefert: den 15. Januar 1818. Frau Wohl, wohnhaft am Frankfurter Wollgraben, war geschieden, und wiewohl sie dem Karl Ludwig Börne mehr als nur Freundschaft entgegenbrachte, weigerte sie sich, ihn zu heiraten und lehnte sein diesbezügliches Anersuchen ab, da sie wegen ihres jüdischen Selbstverständnisses und ihrer orthodoxen Mutter zuliebe die Ehe mit einem Christen nicht eingehen mochte.

Es war der Umgang mit ihm wohl auch nicht ganz einfach. Er selbst sah sich einmal so: »mittlere Statur, schwarze Haare, schwarze Augen und frisches Gesicht«. Das war, wiewohl in den Fakten korrekt, gleichwohl eine glättende Überzeichnung. Er war vielmehr eigenbrötlerisch, schwierig, reizbar und launisch, er war so brillant wie kompliziert, und vor allem war er nicht gesund. Seine verschiedenen Gebresten würden sich mit den Jahren noch verstärken, und zuletzt würde er beinahe taub sein.

In seinen Briefen nannte er sie »süßes Gänschen«, »himmlische Seele«, er unterzeichnete mit »B. g. W.«, was heißen sollte: Börne, geborener Wohl. Er durchbohrte das

Briefpapier mit Nadelstichen, die Symbole für Küsse waren. Er schrieb: »Bärbelchen mein, ich grüße Dich fein.« Er schrieb: »Es müßte mit dem Teufel zugehen, wenn wir uns auf diese Weise nicht ewig lieben sollten.« Vom vertraulichen Du wechselte er später manchmal ins förmliche Sie, auch in persönlichen Gesprächen: Ausdruck seiner emotionalen Unsicherheit ebenso wie seines tiefen Respekts vor der Freundin.

Sie begleitete ihn auf Reisen, und wenn sie ihn nicht begleitete, sandte er ihr Briefe. Zum Beispiel aus Berlin, wohin er 1828 reiste und unter anderem das Objekt seiner einstigen Schwärmerei wiedertraf, Henriette Herz. »Ihr faltenreiches Gesicht erschien mir als ein Vorhang, hinter dem sich ihre einstige Schönheit versteckt hielt. Ich zog ihn weg, aber es war nichts dahinter.« Die Sätze, genau gelesen, sind auch eine sublime Huldigung an die Adressatin.

Vor allem schrieb er ihr aus Paris, und diese Briefe sind so farbig, ausführlich und von solch sprachlichem Glanz, daß man sie drucken konnte, was dann geschah. Jeannette half ihm bei der Redaktion. Als literarische Beraterin war sie ihm unentbehrlich. Die »Briefe aus Paris« machten Ludwig Börne berühmt, und der Ruhm hält bis heute; die Schilderung der vergleichsweise fortgeschrittenen französischen Zustände war als Aufforderung an die Deutschen gedacht, nach ähnlichen Verhältnissen zu streben, was die Zensur alsbald erkannte und weswegen sie den Vertrieb des Buches in Deutschland verbot. Börne wurde, je älter er war, politisch immer radikaler. Er verkehrte in Kreisen deutscher Emigranten und neigte sozialistischen Gedanken zu.

1831 reiste er nach Baden-Baden, um sich mit Jeannette zu treffen. Sie wollten gemeinsam arbeiten. Bei dieser Gelegenheit stellte sie ihm einen jungen Mann vor, Salomon Strauß, einen Kaufmann und glühenden Bewunderer Börnes. Das Jahr darauf, Börne hielt sich wieder in Frankreich auf, teilte ihm Jeannette mit, daß sie Salomon Strauß zu ehelichen gedenke. Börne war tief bestürzt. Er brach nach Deutschland auf, abermals traf man sich in Baden-Baden, wo es Börne dann fertigbrachte, an der offiziellen Verlobung Jeannettes teilzunehmen. Anschließend fuhr er in die Pfalz, nach Neustadt, wo das Hambacher Fest stattfand, jene große Manifestation deutsch-bürgerlicher Enthusiasten für die staatsbürgerlichen Freiheiten. Sein Eintreffen wurde gefeiert. »Mir tränendem Auge haben mich viele an ihre Brust gedrückt und haben vor Bewegung kaum reden können.« Das richtete ihn ein wenig auf. Die Politik war seine andere große Liebe neben Jeannette. Die heiratete dann ihren Salomon, im Oktober 1832.

In einem Brief hatte sie ihrem Zukünftigen zuvor ihr Verhältnis zu Börne dargetan und damit zugleich die besonderen Bedingungen der bevorstehenden Ehe fixiert:

»Der Doktor hat niemanden auf der Welt als mich, ich bin ihm Freundin, Schwester, alles, was sich mit diesem Namen Freundliches, Teilnehmendes, Wohlwollendes im Leben geben, bezeichnen läßt ... Solange ich lebe, bis zum letzten Atemzuge werde ich für Börne die Treue, die Liebe und Anhänglichkeit einer Tochter zu ihrem Vater, einer Schwester zu ihrem Bruder, einer Freundin zu ihrem Freunde haben. Wenn Du das Verhältnis nicht auffassest, nicht begreifst, mich nicht genug kennst ... so ist alles aus und Nacht.«

Die beiden zogen ihrerseits nach Paris. Sie lebten mit Börne unter dem gleichen Dach, es wurde daraus eine exemplarische *ménage à trois,* ohne größere Konflikte. Nur die Mitwelt nahm klatschhaften Anteil und machte ihn zum Inhalt einer vielfachen, auch schriftlich niedergelegten Tratscherei.

Zumal tat sich darin ein anderer deutscher Emigrant hervor, gleichfalls ein gebürtiger Jude, spätgetaufter Christ und erfolgreicher Schriftsteller mit linkspolitischer Neigung: Heinrich Heine. Anfangs, in Deutschland, hatte er sich mit Börne gut verstanden. Die beiden kommunizierten miteinander noch in der französischen Hauptstadt. Bald aber entzweiten sie sich, aus literarischen Motiven, aus politischen Motiven, wohl auch aus Rivalitätsgründen, sie schrieben übereinander, und der Ton wurde kritisch. Es mündete schließlich in eine literarische Kontroverse, die als die berühmteste und erheblichste der deutschen Literaturgeschichte im 19. Jahrhundert gilt.

Heinrich Heine ließ sich dabei auf ausführliche Schilderungen des Verhältnisses zwischen Jeannette Wohl und Ludwig Börne ein. Mit der ihm eigenen Sardonie nannte er Jeannette »die bekannte Freiheitsgöttin, an welche späterhin die Briefe aus Paris adressiert wurden«. Er beschrieb sie: »Ich sah eine magere Person, deren gelblich weißes, pockennarbiges Gesicht einem alten Mazzekuchen glich. Trotz ihrem Äußeren und obgleich ihre Stimme kreischend war, wie eine Türe, die sich auf rostigen Angeln bewegt, so gefiel mir doch alles, was die Person sagte; sie sprach nämlich mit großem Enthusiasmus von meinen Werken.«

War sie wirklich so häßlich? Wenn sie es war, muß ihre Wesensart den Mangel an Anmut mehr als aufgewogen haben. Er selber, sagt Heine, sei jedenfalls höchst empfänglich für weibliche Schönheit, die er »die körperliche Offenbarung Gottes« nennt, und er fährt fort:

»Was aber unseren Ludwig Börne betrifft, so dürfen wir kühn behaupten, daß es keineswegs die Begeisterung für Schönheit war, die ihn zu seiner Madame Wohl hinzog. Ebensowenig findet das Verhältnis dieser beiden Personen seine moralische Rechtfertigung in der großen Passion. Beherrscht von der großen Passion, würden beide keinen Anstand genommen haben, selbst ohne den Segen der Kirche und der Mairie, beieinander zu wohnen; das kleine Bedenken über das Kopfschütteln der Welt hätte sie nicht davon abgehalten … Aber Madame Wohl tat sich mit Börne zusammen unter dem Deckmantel der Ehe mit einem lächerlichen Dritten, dessen bitteres Fleisch ihr vielleicht manchmal mundete, während ihr Geist sich weidete am süßen Geist Börnes … Ja, es hieß, der junge Gatte habe die Frau nur deshalb geheiratet, um mit Börne in nähere Berührung zu kommen, er habe sich ausbedungen, daß zwischen beiden das frühere Verhältnis fortwalte. Wie man mir sagt, spielt er im Hause nur die dienende Rolle …« Heines abschließendes Urteil: »Soll ich die Wahrheit gestehen, so sah ich in Börnes Haushalt eine Immoralität, die mich anwiderte.«

Dies wurde 1840 gedruckt. Börne war da schon zwei Jahre tot, gestorben an einem verschleppten Lungenleiden; Jeannette, die Freundin, war an seiner Seite gewesen bis zum Augenblick seines Ablebens, und seine letzten Worte waren an sie gerichtet: »Sie haben mir viel Freude gemacht.« Die Trauer um den Tod des Schriftstellers in der Pariser Emigration war allgemein, Börne wurde auf dem Prominentenfriedhof Père Lachaise beigesetzt, die Trauerrede hielt der bedeutende französische Politiker und Naturwissenschaftler Raspail. Selbst Heine gestand: »Ja, dieser Börne war ein großer Patriot, vielleicht der größte, der aus Germanias stiefmütterlichen Brüsten das glühendste Leben und den bittersten Tod gesogen!« Er schrieb: »Ich war nie Börnes Freund, und ich war auch nie sein Feind.« Dies, dürfen wir sagen, zielte ein wenig an der Wahrheit vorbei.

Sein großer Buchessay über den Toten löste eine allgemeine Empörung aus, und eine der direkten Folgen bestand darin, daß Salomon Strauß, der »lächerliche Dritte« mit dem »bitteren Fleisch«, Heinrich Heine auf offener Straße ohrfeigte. Das geschah am 14. Juni 1841, nachmittags, in der Pariser Rue Richelieu; »unter Ausstoßen einiger nicht sehr höflichen Epitheten gab ich ihm die wohlverdiente Züchtigung«, schrieb, nicht ohne Stolz, Salomon Strauß an die Zeitung »Telegraph«, die in Hamburg erschien.

Es kam zum Duell. Man einigte sich auf Pistolen. Der Schußwechsel fand statt in Saint-Germain, der Dichter wurde an der Hüfte leicht getroffen. Die Affäre war damit äußerlich beigelegt.

Einem seiner Berliner Briefe an Jeannette Wohl hatte Börne einmal ein Liebesgedicht beigefügt, das diese Strophe enthielt:

Ring an Ring und Reiz an Reiz umkränzen
Deine holde, zauberische Gestalt;
Ich seh Sterne durch Tränen glänzen –
Fern ist der Himmel, nahe die Gewalt.

Worte! Worte! Keine Taten!

Heinrich Heine und Elise Krinitz

Das Haus Nummer 3 in der Pariser Avenue Matignon ist heute ein gesichtsloser Bürobau. Nahebei befinden sich das Hôtel Matignon, jenes barocke Stadtpalais, in dem der französische Ministerpräsident amtiert, sowie der Rond-Point-des-Champs-Elysées, wo die Parkanlagen der bekannten Prachtstraße enden und die pompösen Kommerzbauten beginnen. Vor anderthalb Jahrhunderten befand sich unter der Adresse 3, Avenue Matignon, ein Mietshaus mit Balkonbalustraden. Dorthin zog am 6. November 1854 der aus Deutschland stammende Schriftsteller Heinrich Heine zusammen mit seiner französischen Ehefrau.

Er war ein schwerkranker Mann. Sechs Jahre zuvor, in Paris und bald auch im übrigen Europa tobte soeben die Revolution, war er körperlich zusammengebrochen; wenn man seinem poetischen Zeugnis Glauben schenken darf, geschah das im Museum des Louvre, und zwar angesichts der berühmten Statue der Venus von Milo, was er durchaus auch symbolisch gedeutet wissen wollte. Seither versagten ihm die Beine den Dienst. Die Lähmung ergriff noch andere Teile des Leibes und die Hälfte des Gesichts, zeitweilig war er beinahe blind, zeitweilig konnte er nichts mehr schmecken, und auf Dauer blieben seine Augenlider gelähmt, so daß er, um etwas sehen zu können, mit der Hand ein Lid hochschieben und festhalten mußte.

Bei alledem litt er unter ständigen Schmerzen. Krämpfe und Koliken suchten ihn heim. Jeder Druck, jede derbe

Berührung bereiteten ihm Qualen; um sie zu mildern, wurden mehrere weiche Unterlagen übereinandergetan, daß er sich auf sie bettete. Es war die vom ihm so genannte Matratzengruft. Zur Linderung der trotz allem anhaltenden Schmerzen wurden ihm ständig Betäubungsmittel verabreicht, oral und in Form von Einläufen, außerdem wurde in seinem Nacken ständig eine Wunde offen gehalten, in die man Morphium streute.

Man hat über die Ursachen von Heines Erkrankung viel gerätselt; häufig wurde sie als Folge einer Syphilis-Infektion gedeutet, auch Heine selbst scheint dieser Überzeugung gewesen zu sein. Gegen eine derartige Diagnose spricht der Umstand, daß es bei Heine bis zuletzt zu keinerlei Form von Bewußtseinstrübung gekommen ist, und heute wird vielmehr eine myatrophische Lateralsklerose angenommen, das ist eine zu Muskelschwund führende Erkrankung des Rückenmarks.

Heinrich Heine ertrug sein Siechtum mit staunenswerter Tapferkeit. Ungebrochen war sein Fleiß, und trotz seiner Sehschwäche schrieb er weiterhin seine Texte selbst auf, Verse und Prosa; die Manuskripte, heute liegen sie in der Pariser Nationalbibliothek, zeigen seine immer größer werdende und erkennbar unter Zittern notierte Schrift. Seine umfangreiche Korrespondenz diktierte er Sekretären. Mit alledem lenkte er sich ab, zudem war er angewiesen auf die eingehenden Honorare, da seine Lebensumstände und seine Behandlung teuer kamen, nicht zuletzt infolge der Unfähigkeit seiner Frau, mit Geld angemessen umzugehen.

Er nannte sie Mathilde. Eigentlich hieß sie Crescentia und stammte von einem Dorf. Geboren als ein uneheliches Kind, ging sie mit fünfzehn Jahren nach Paris, wo sie bei einer Tante, die ein Schuhgeschäft besaß, als Verkäuferin unterkam; hier lernte Heine sie kennen, im Jahre 1834, da war sie eben neunzehn. Zunächst schien es bloß eine flüchtige Affäre zu sein, wie Heine sie häufig unterhielt, bald aber verliebte sich der Dichter so nachdrücklich in sie, daß er mit ihr zusammenzog. 1841 schlossen sie amtlich die Ehe.

Sie war, als er sie kennenlernte, eine Analphabetin, ihre nachträgliche Schulbildung in einem vornehmen Internat kostete ihn einiges Geld. Einen wirklichen Begriff von Heines Beruf hatte sie auch danach noch nicht und würde ihn niemals haben. »Die Leute sagen«, äußerte sie, »daß mein Henri ein großer Poet sei. Ist es nicht putzig, daß ich so gar nichts davon verstehe?« Heine selbst urteilte: »Sie hat einen sehr schwachen Kopf, aber ein ganz vortreffliches Herz.« Er liebte sie eben deswegen.

Sie war hübsch gewachsen, etwas üppig, was sich dann noch verstärkte, da sie als gute Französin ein ungebrochenes Verhältnis zu ausführlichen Mahlzeiten hatte; Heine sprach bald von seiner »dicken Mathilde«. Ihre Ehe, die ein wenig an Goethes Ehe mit Christiane erinnert (nicht zufällig war Heine sein Leben lang ein glühender Bewunderer des Klassikers aus Weimar), blieb nicht ohne Krisen, doch als Heine erkrankte, blieb Mathilde getreulich bei ihm und um ihn; Heine seinerseits sorgte sich, ob sie nach seinem Ableben materiell auch versorgt bleibe.

1855 war sie vierzig Jahre alt und ging, wenn es sich so ergab, ihren Zerstreuungen nach; für die Pflege ihres kranken Henri gab es Hilfskräfte, und auch sonst kamen immer wieder Leute ins Haus, Bewunderer, Verleger, Übersetzer. Noch immer war es, daß sie von seiner Arbeit fast nichts begriff, und die deutsche Sprache, in der er schrieb und in der er mit den meisten Besuchern sprach, beherrschte sie nicht.

Am 16. Juni 1855 bat ihn eine junge Verehrerin um die Erlaubnis zu einem Besuch. Sie wurde ihr brieflich gewährt. Sie mißverstand dies als bloße Floskel und erschien nicht. Heine schrieb ihr neuerlich; er konnte gar nicht genug an Besuchen empfangen, sie lenkten ihn ab. Die junge Frau schickte ihm die von ihr verfertigte französische Übersetzung eines seiner Gedichte, dann erschien sie selbst.

Sie stand vor dem Schwerkranken. »Ich glaubte einen Christuskopf vor mir zu sehen«, notiert sie, »über dessen Gesicht Mephistos Lächeln glitt.« Sätze wie dieser verraten eine gewisse Bildung und eine erkennbare stilistische Eleganz. Außerdem war die Besucherin äußerlich recht attraktiv. Heine zeigte sich deutlich beeindruckt. Er bat sie wiederzukommen, und sie tat es.

Sie pflegte ihre Briefe mit einem Petschaft zu versiegeln, auf dem eine Fliege zu sehen war, Heine nannte sie daher Mouche. Wer sie in Wahrheit war, blieb lange Zeit unklar und ist mit allerletzter Sicherheit bis heute nicht erhellt; sie hat über ihre Begegnung mit Heine Erinnerungen verfaßt und drucken lassen, unter dem Namen Camilla Selden, der aber ein Pseudonym war, eines von gleich mehreren. Eigentlich hieß sie wohl Elise Krinitz.

Sie wurde 1818 in Prag geboren, war vermutlich das uneheliche Kind einer hochgestellten Persönlichkeit und wurde adoptiert von dem aus Leipzig stammenden Bankiersehepaar Krinitz, das sich nach dem Bankrott seines Unternehmens in Paris niederließ. Elise führte ein unstetes Leben, war vermutlich verheiratet, in London; es heißt, ihr Ehemann ließ sie in ein Irrenhaus einweisen, aus dem sie mit der Hilfe eines Arztes aber entkam. Sie pflegte Formen und Attitüden einer weiblichen Emanzipiertheit, wie sie sich um die Mitte des 19. Jahrhunderts in Europa herauszubilden begann.

Heinrich Heines europäischer Ruhm als Schriftsteller gründete außer auf seine essayistischen Schriften, deren politische Keckheit ihm die Verfolgung der deutschen Behörden einbrachte, weswegen er dann nach Paris ging, vor allem auf seine Lyrik, deren Mischung aus Volksliednaivität und erotischem Freisinn, aus Ironie und Sentiment bis dahin unerhört war; sie bescherte ihm ein großes Publikum. Er stand im Geruch eines ausschweifenden Liebhabers, der er aber so wohl nicht war, nicht sein konnte, da er auf seine seit Jugendtagen angegriffene Konstitution Rücksicht nehmen mußte. Nun, im siebten Jahr der Matratzengruft, ließ sich an Sexualität schon gar nicht mehr denken. Heines Verhältnis zu Mouche blieb völlig virtuell.

Sie kommt zu ihm, sooft es geht. Sie liest ihm vor. Sie versieht kleine Sekretärsarbeiten. Manchmal muß er ihr absagen, da es ihm zu miserabel geht, manchmal ist auch sie verhindert, worunter er dann leidet, als »ein Todter, lechzend nach den lebendigsten Lebensgenüssen«, wie er ihr schreibt. Sie reden. Er erzählt ihr seine Träume. »Ich liebe Sie mit todtkranker, innigster Zärtlichkeit«, schreibt er ein andermal. Er macht ihr Geschenke. Er bringt sie mit seinen Geschwistern zusammen, da sie ihn in Paris besuchen.

Mathilde wird eifersüchtig; die junge Frau, mit der sich ihr Henri so prächtig versteht und so ausgedehnte Unterhaltungen führt, von denen sie kein Wort begreift, ist dreizehn Jahre jünger als sie. Ihre bohrenden Empfindungen sind wohlbegründet und völlig grundlos zugleich, die beiden halten sich bei den Händen, das ist alles.

Er nennt sie manchmal Lotosblume. In Asien ist dies ein Inbegriff göttlicher Vollkommenheit, und so nennt er sie auch in einem seiner späten Gedichte:

> Die Lotosblume erschließet
> Ihr Kelchlein Mondenlicht,
> Doch statt des befruchtenden Lebens
> Empfängt sie nur sein Gedicht.

In einer anderen Strophe wird die hier nur recht vorsichtige Andeutung des körperlichen Unvermögens drastischer formuliert, im charakteristischen, leicht schnoddrigen Heine-Ton:

Worte! Worte! Keine Taten!
Niemals Fleisch, geliebte Puppe,
Immer Geist und keinen Braten,
Keine Knödel in der Suppe.

Die Mouche besucht Heine bis kurz vor seinem Tode. Am 16. Februar 1856 hat sie sich angekündigt, bleibt aber aus, man kennt nicht den Grund. Seit dem 14. Februar hat er schwere Brechanfälle gehabt. Ein Bekannter erscheint und stellt aufgeregt die Frage nach Heines Verhältnis zu Gott. Die Antwort des Dichters: »Seien Sie ruhig, Gott wird mir schon verzeihen. Schließlich ist das sein Beruf.« Zwischendurch versucht er zu schreiben. Auch seine allerletzten Worte handeln von »Papier, Bleistift«. Er stirbt am 17. Februar morgens fünf Uhr.

Er wird auf dem Friedhof von Montmartre beigesetzt. Etwa hundert Menschen folgen seinem Sarg. Auf der Grabeinfassung findet sich heute eines seiner Gedichte, auf deutsch, mit dem Titel »Wo?« Man hätte ebenso ein anderes anbringen können, ein Liebesgedicht, eines seiner allerletzten und wohl sein schmerzlichstes, er verfaßte es auf die Mouche, die er darin als gelb-violette Marterblume beschreibt:

Frag, was er strahlet, den Karfunkelstein,
Frag, was sie duften, Nachtviol und Rosen,
Doch frage nie, wovon im Mondenschein
Die Marterblume und ihr Toter kosen.

Kundrys Parfum

Richard Wagner und Judith Gautier

Die Aufführung des »Tannhäuser« an der Pariser Großen
Oper, Richard Wagner hatte eigens für sie neue Passagen
komponiert, erfolgte im März 1861 und wurde zu einem
der großen Skandale in der Musikgeschichte. Mehrere
Mitglieder des vornehmen Jockeyclubs hatten sich ver-
abredet, die Vorstellung zu stören. Sie zogen aus ihren Taschen Trillerpfeifen und lärmten darauf. Die Darsteller
auf der Bühne mußten unterbrechen. Das Publikum pro-
testierte. Die Herren lärmten weiter, bis es zu Prügeleien
unter den Zuschauern kam. Die Sache wurde umgehend
Tagesgespräch in ganz Paris, die französische Intelligen-
zia ergriff Partei für und wider den deutschen Künstler,
was dessen ständig wachsenden Ruhm, der immer auch
ein Skandalruhm war, noch erheblich vergrößern würde.

Unter den Zuschauern im »Tannhäuser« hatte ein fünf-
zehnjähriges Mädchen gesessen mit Vornamen Judith. Sie
war die Tochter des Schriftstellers Théophile Gautier,
eines energischen Wagnerianers, aus dessen Ehe mit der
schönen Italienerin Ernesta Grisi. In der Folge hatte Judith
in einer Zeitung enthusiastisch über Wagner geschrieben,
worauf es zu einem kleinen Briefwechsel zwischen ihr
und dem Dichter-Komponisten kam.

Acht Jahre später lebte Richard Wagner im schweizeri-
schen Triebschen, nahe Luzern. Er lebte dort zusammen
mit Cosima, der Ehefrau des Wagnerdirigenten Hans von
Bülow. Judith Gautier hatte inzwischen den Schriftsteller Catulle Mendès geheiratet; gemeinsam mit ihm und

einem weiteren Freund nutzte sie die Gelegenheit einer München-Reise, den angebeteten Künstler zu besuchen. Wagner empfing die drei am Bahnhof Luzern.

Judith war zu einer auffälligen Schönheit herangewachsen. »Die Linie der Nase«, beschrieb sie der Literat Théodore de Banville, »setzt die Stirn fort wie in jenen seligen Zeiten, da die Gottheiten noch auf Erden wandelten ... Das Schwarzhaar ist leicht gelockt und gekräuselt, so daß es wie zerzaust aussieht, der Teint elfenbeinbraun, die Zähne weiß, klein, nicht allzu dicht gestellt, die purpurnen Lippen korallenrot, die Augen klein, etwas tiefliegend, aber höchst lebendig und zugleich voll Schalkheit, wenn sie im Lachen leuchten, die Nüstern weit, die Brauen schmal und gerade, die Ohren entzückend, der Hals etwas voll bei sehr gutem Ansatz, alles Züge einer ruhigen, gottgleichen Sphinx ...« Ihr Pariser Spitzname lautete »der Orkan«. Wie im Sturm eroberte sie nun die begehrliche Aufmerksamkeit des deutschen Dichters und Komponisten.

Man unternahm gemeinsame Ausflüge. Man ruderte auf dem Vierwaldstätter See. Abends gab es Soireen, Wagner spielte aus seinen kompositorischen Skizzen. Judith war wie berauscht von der Gegenwart des berühmten Mannes. »Wie begeistert Sie sind«, rief er ganz entzückt, »man soll es nicht zu sehr sein, denn das schadet der Gesundheit.« Als könnten solche Warnungen für ihn nicht gelten, machte er sich zum Gockel und kletterte vor Judiths Augen, wohl um seine Virilität zu beweisen, an der Fassade seines Hauses herum und in den Bäumen des Gartens, dabei war er schon 56. Cosima mußte die Besucherin bitten, daß sie Wagner von derlei Unsinn abhalten möge.

Nach drei Tagen reiste Judith samt ihrem Gefolge ab. Cosima durfte aufatmen. Es sollten weitere sieben Jahre vergehen, ehe man einander wiedersah.

Wagner lebte jetzt in Bayreuth. Er hatte seine Cosima

endlich heiraten können, und Bayernkönig Ludwig hatte ihm seine Schulden bezahlt. Ein pompöses Privatdomizil nebst einem Festivalgebäude waren entstanden in der fränkischen Kleinstadt, und nunmehr sollte es ein erstes Mal Wagner-Festspiele geben, mit einer kompletten Aufführung aller vier Teile des »Rings«.

Wagner plante außerdem die Vertonung seiner letzten Oper, »Parsifal«. An deren Libretto hatte er 1861 gesessen, als man in Paris den »Tannhäuser« spielte und Judith ihn zum ersten Male erlebte. War das ein Schicksalswink? In »Parsifal« tritt die Figur Kundry auf, die betörend schöne Verführerin, mit der sich der arme Amfortas einläßt, um anschließend lebenslang daran zu leiden. War Judith so etwas wie die Inkarnation Kundrys?

Jedenfalls traf sie jetzt in Bayreuth ein, um die Festspiele zu erleben. Sie war immer noch schön. Sie war sieben Jahre älter und ein wenig üppiger geworden. Von ihrem Mann Catulle hatte sie sich scheiden lassen, ließ sich aber weiterhin von ihm begleiten. In Wagner, als er sie sah, erwachte unverzüglich die alte Leidenschaft, und der gab er diesmal völlig nach.

Es wurde eine kurze und überaus stürmische Affäre, hauptsächlich ausgetragen in Judiths Bayreuther Quartier, einem Haus in der Nähe von Wagners Wohnsitz Wahnfried. »Judith«, schreibt der Wagner-Biograph Martin Gregor-Dellin, »muß von seiner Leidenschaft überrascht gewesen sein ... Er widerstand nicht dem Reiz ihrer wohlgeformten Brüste. Er sank an ihr hin und bedeckte ihren Mund mit heißen Küssen.«

Wagner war jetzt 63, und seine Wirkung auf Frauen war immer noch erstaunlich. Dabei war er fast ein Zwerg, maß eben 153 Zentimeter und hatte einen für seinen kurzen Leib etwas zu mächtigen Kopf. Er sächselte unerträglich. Er litt an Hautkrankheiten und Darmstörungen. Sein Hang zu komischen Roben aus kostbaren Stoffen und Pelzen, die er auch öffentlich vorführte, war das willkommene Objekt für Spötter und Karikaturisten.

Doch es hob ihn auch, irgendwie. Es gab ihm die Aura des Besonderen, und genau dies war die Absicht. Es wurde Teil seiner Inszenierung, die immer unmittelbar auf Sinnlich-Erotisches abzielte, ebenso wie seine Kunst. Die aphrodisierende Wirkung seiner Texte und Partituren ist unbestreitbar, und als das wahrscheinlich folgenreichste ästhetische Genie des gesamten 19. Jahrhunderts durchwogte seine Kunst das Rückenmark seiner Bewunderer.

Judith war von ihnen nur eine. »Hätte ich Sie heute morgen zum letzten male umarmt? Nein, ich werde Sie wiedersehen. Ich will es, weil ich Sie ja liebe.« So schrieb er ihr, als der Termin ihrer Abreise nahte. Die Briefe, die er mit ihr wechselte, gingen übrigens, um nicht in Cosimas Hände zu fallen, über den Bader Bernhard Schnappauf aus Bayreuths Ochsengasse.

Die förmliche Anrede soll nicht erstaunen, Wagner wechselte ständig zwischen Sie und Du, und das blieb so, als die schöne Französin Bayreuth wieder verlassen hatte. »Lieben Sie mich und warten wir da nicht auf das protestantische Himmelreich; es wird schrecklich langweilig sein! Liebe! Liebe! Lieben Sie mich, immerdar!« Er breitete eine geblümte Decke über sein Sofa, legte sich auf sie und nannte sie Judith. Damit sie sonst noch um ihn war, ließ er sich von ihr mit kostbaren Badesalzen und exotischen Lotions beliefern, Irismilch, White-Rose-Powder, Rose de Bengale und Ambra, ganze Wunschzettel gingen nach Paris und wurden von ihr erledigt. Von der Irismilch verbrauchte er täglich eine halbe Flasche. Im Badegemach von Wahnfried dampften in heißem Wasser die von Judith besorgten Parfums, daß er sie in seinem unmittelbar darüber gelegenen Arbeitszimmer einatmen konnte. In solch virtueller Gegenwart der Geliebten komponierte er die Partitur zu »Parsifal«.

Die Uraufführung sollte bei den zweiten Wagner-Festspielen stattfinden, 1882. Die Beziehung zu Judith hatte sich schon lange vorher abgekühlt. Ab dem Februar 1878 ließ Wagner die Korrespondenz mit ihr von seiner Cosima erledigen, bei Judith warb er dafür höflich um Verständnis.

Cosima aber hatte die Affäre ihres Mannes mit Frau Mendès-Gautier ertragen wie dessen andere Liebschaften zuvor und danach. Sie tat, als bemerke sie nichts. Sie fraß es in sich hinein. Sie litt und schwieg. Vielleicht war es alles die Strafe dafür, daß sie ihrerseits ein Kind der Sünde war, nämlich der Liaison des Komponisten Franz Liszt mit einer verheirateten Frau, und auch ihre eigene Verbindung mit Wagner hatte in Sünde begonnen, mit einem gleich doppelten Ehebruch. Ihre katholisch erzogene Seele sagte ihr, daß Sünde bestraft würde.

Galt das ebenso für Wagner? Er war ein Genie, außerdem war er kein Katholik. 1881 kam Judith noch einmal nach Bayreuth. Sie besuchte Wahnfried, Cosima fand ihr Auftreten »ziemlich frei« und stellte erleichtert fest, daß die einstige Geliebte auf Wagner jetzt eher »peinlich« wirke.

Bei der beginnenden Produktion von »Parsifal« würde er sich dann intim mit Carrie Pringle einlassen, einer amerikanischen Sängerin.

Edles Reh und wilde Sau

Gottfried Keller und Betty Tendering

Das 19. Jahrhundert war, unter anderem, das Jahrhundert der genialischen Junggesellen. Beliebig herausgegriffen, gehören dazu: der Philosoph Arthur Schopenhauer, der Zeichner-Dichter Wilhelm Busch, der Maler Adolf Menzel und der Komponist Johannes Brahms. Auch zwei Schweizer zählen dazu, Helvetiens vermutlich berühmteste Literaten in ihrer Zeit, nämlich Conrad Ferdinand Meyer und Gottfried Keller.

Die Gründe für ein solches Dasein als lebenslänglicher Hagestolz zeigen sich höchst unterschiedlich. Sie reichen von der vorgefaßten Enthaltsamkeit und Bindungsscheu bis zu einem unglücklich nachwirkenden Scheitern in Liebesdingen. Der letzte Fall ist jener des Schriftstellers Gottfried Keller.

Er wurde 1819 in Zürich geboren, als das Kind eines kleinen Handwerkers. Sein Vater starb früh, die Mutter mußte ihn und die Schwester einigermaßen mühsam durchbringen; sie heiratete ein zweites Mal, aber die Ehe scheiterte. Der kleine Gottfried durchlief eine Schulausbildung, die ihr jähes Ende fand, als man ihn einer Disziplinlosigkeit wegen von dem Institut verwies. Er wurde Lehrling bei einem Lithographen, dann wechselte er zu einem Kunstmaler. Sein weiterer Berufsweg schien damit vorgezeichnet als der eines professionellen Landschaftsmalers von mittlerem Talent. Zu Zwecken der weiteren Ausbildung reiste er nach München, wo er die dortige Kunstakademie besuchen sollte, doch im wesentlichen nur Schulden machte. Er kehrte nach Zürich zurück und begann zu schreiben.

Er engagierte sich in der Politik. Er war ein Parteigänger jener Veränderungen, die um das Jahr 1848 die Schweiz zu dem einzigen Land Europas mit einer siegreichen bürgerlichen Revolution machten. Er wurde zumal gefördert von Alfred Escher, dem gewiß mächtigsten Industriellen im damaligen Zürich; Eschers Denkmal steht vor dem Zürcher Hauptbahnhof, da er auch ein Pionier des helvetischen Eisenbahnwesens war, und wenn der Fremde meint, er stehe vor einem Keller-Denkmal, so hat er, wie zu sehen, in einem höheren Maße damit recht.

Keller ging 1849, ausgestattet mit einem unter anderem von Escher vermittelten Stipendium, abermals nach Deutschland, zuerst nach Heidelberg, dann nach Berlin. Nunmehr schrieb er an seinem großen Entwicklungsroman »Der grüne Heinrich«, einer nur wenig maskierten Autobiographie, sowie an der Novellensammlung »Die Leute von Seldwyla«. Er kehrte endgültig nach Zürich zurück, und 1861 wurde er in das hohe Amt eines Staatsschreibers berufen. Umsorgt von Mutter und Schwester, lebte er fortan ohne materielle Sorgen, sein Ruhm als Autor wuchs, später gab er sein Staatsamt auf, um sich ungehindert seiner literarischen Tätigkeit widmen zu können, und starb im Alter von 71 Jahren.

Er war kleinwüchsig infolge zu kurzer Beine. Dies beeinträchtige, so meinte er wohl (obschon es nicht der Wahrheit entsprach), seine Wirkung auf das andere Geschlecht. Seine erotischen Neigungen und Niederlagen ertränkte er gewöhnlich im Alkohol. Er war ein exzessiver Zecher, der im Zustand der Volltrunkenheit zu Krakeel und Prügeleien neigte, seine einschlägigen Handlungen sind aktenkundig. Er erlebte eine Reihe von schmerzlichen Liebesgeschichten, Reminiszenzen daran gingen in seine Dichtungen ein.

Die erste Schwärmerei, über die wir von ihm wissen, galt Marie Melos, der Schwägerin des deutschen Dichters Ferdinand Freiligrath, der als politischer Emigrant in der Schweiz lebte; die letzte hieß Luise Scheidegger und war eine Arzttochter aus der Nähe von Bern, mit der er sich sogar verlobte. Er zählte damals schon 47 Jahre und war ein bekannter Mann. Bösartige Veröffentlichungen über seine Person, von Gegnern plaziert, erschütterten die junge Frau in einem Maße, daß sie schließlich Selbstmord beging.

Andere von Gottfried Keller heimlich oder offen umworbene Frauen hießen Luise Rieter, Ludmilla Assing, Johanna Knapp und Marie Exner. Durchweg handelte es sich bei ihnen um sehr hoch und etwas üppig gewachsene Frauen. Die von allen stürmischste Leidenschaft aber entwickelte er für Elisabeth Tendering, genannt Betty.

»Ich sage Ihnen«, schrieb er an einen Bekannten, »das größte Übel und die wunderlichste Komposition, die einem Menschen passieren kann, ist, hochfahrend, bettelarm und verliebt zu gleicher Zeit zu sein und zwar in eine elegante Personnage.«

Es war die Zeit seines zweiten Deutschland-Aufenthaltes. Er lebte seit 1850 in Berlin. Er verkehrte dort im Salon von Fanny Lewald, einer zu ihrer Zeit renommierten Literatin jüdischer Herkunft, und er verkehrte im Haus des Berliner Buchverlegers Franz Duncker. Dies geschah seit dem Jahre 1853. Duncker war verheiratet. In seinem Hause hielt sich verschiedentlich auch Frau Dunckers Schwester Betty auf.

Keller war von der Begegnung mit ihr überwältigt. Er erlebte sie als »ungefüge Leidenschaft«. Die Schreibunterlage, die er zu jener Zeit benutzte, um an seinem »Grünen Heinrich« zu arbeiten, zeigt die Spuren seiner verzehrenden Passion: zwischen die Buchstaben schiebt sich immer wieder das Liebessymbol des Herzens, und unzählige

Male wird in verschiedenen Schreibarten der immer selbe weibliche Vorname variiert: Betty.

Die Angebetete findet Eingang in den Roman, wo sie Dortchen Schönfund heißt, was ein überaus sprechender Name ist. Er liebt alles an ihr: die Erscheinung, das Wesen und selbst die Unarten:

»Sie fing an, allerlei kleine Teufeleien zu verüben, an sich ganz unschuldige Kindereien in Bewegungen und Worten, welche einem vermehrten guten Humor zu entspringen schienen, aber ebensowohl täglich heller eine unergründliche Anmut und Beweglichkeit des Gemütes verrieten als auch mit einer federleichten Wirkung zeigten, daß sie tausend unergründliche Nücken unter den Locken sitzen hatte. Wenn nun erst die offene und klare Herzensgüte, das was man so die Holdseligkeit beim Weibe nennt, einen Mann gewinnt und gänzlich in Beschlag nimmt, so bringen ihn nachher, wenn er in seiner Einfalt entdeckt, daß die Geliebte nicht nur schön, gut und huldvoll, sondern auch gescheit und nicht auf den Kopf gefallen sei, diese fröhliche Bosheit des Herzens, diese kindliche Tücke vollends um den Verstand und um alle Seelenruhe, da es nun total entschieden scheint, ohne diese sei das Leben fürderhin leer und tot.«

Auf der Schreibunterlage steht Bettybettybettybetty, was dann übergeht in bittebittebitte. Auf ihren Streichinstrumenten fiedeln etliche Totengerippe, die Glocken mit dem Herzsymbol stehen ebenso für Hochzeit wie fürs Sterben. Der Keller-Biograph Adolf Muschg nennt es eine »Ahnung dessen, was die Kunst gutzumachen hatte« und »eines der erschütterndsten Dokumente erotischen Leidens«.

Betty Tendering, »ein reiches, großes und schönes Mädchen«, dürfte die bettelnde Anhänglichkeit des gnomigen Dichters wohl bemerkt haben. Ob er sich ihr offenbart hat, wie in einem früheren Falle von ihm durchaus formvoll praktiziert, ist nicht überliefert. Es war wohl auch gar nicht nötig. Daß Gottfried Keller bei der eleganten Dame, die überaus eindrucksvoll zu Pferde saß, keinerlei Aussicht auf Gehör und Erfüllung habe, dürfte ihm schon frühzeitig bewußt geworden sein, doch vermochte diese Erkenntnis seine Leiden kaum zu lindern.

Dies gelang ihm dann erst, als er sie sich beharrlich schlecht redete. Wo er bis dahin reizvolle Koketterie gesehen hatte, erkannte er nun »schroffes und ungeschicktes Benehmen« und »grobe Gefühllosigkeit«. Ergrimmt behauptete er: »Vor dem vermeintlich guten und liebevollen Weibe hatte mein Herz gezittert, vor dem wilden Tiere dieser falschen gefährlichen Selbstsucht zitterte ich so wenig mehr, als ich es vor Tigern und Schlangen zu tun gewohnt war. Im Gegenteil, anstatt verwirrt und verzweifelt zu sein und die Täuschung nicht aufgeben zu wollen, wie es sonst wohl geschieht in dergleichen Auftritten, war ich plötzlich so kalt und besonnen, wie nur ein Mann es sein kann, der ... statt eines edlen scheuen Rehes urplötzlich eine wilde Sau vor sich sieht ...«

Diese Sätze stammen aus Kellers zweitem Versuch, Betty Tendering und seine hemmungslose Neigung zu ihr auf literarischem Wege zu bewältigen, es handelt sich um die Novelle »Pankraz, der Schmoller«, wo sie als Lydia auftritt und »das Gehirn einer ganz gewöhnlichen Soubrette« hat. Überhaupt wird er jetzt bemerkenswert produktiv, wie das bei ihm in Fällen von Liebeskummer auch sonst geschah.

Die andere bewährte Ablenkung bot dann wieder der Alkohol. Er soff gewaltig und ließ sich auf Raufereien ein. Der Frau Duncker, also Bettys Schwester, gestand er hernach in einem Briefe, »daß jenes blaue Auge, mit welchem ich einst bei Ihnen erschien, obgleich ich es abgeleugnet, dennoch von Prügeln herrührte«, und, wie er nicht verschwieg, »wegen dessen ich verklagt und von der Polizei um fünf Taler gebüßt wurde. In der dritten Nacht zog ich wieder aus, fand aber endlich meinen Meister in einem Hausknecht, der mich mit einem Hausschlüssel bediente, worauf ich endlich in mich ging.«

Die Leidenschaft für Betty Tendering hatte er damit endlich überwunden. Hatte er wirklich? Gottfried Keller war auch Lyriker, übrigens einer der großen in deutscher Sprache; es gibt von ihm eine Sammlung »Liebeslieder«, und zwei Strophen daraus gehen so:

> Viele Wochen sind entflohn,
> Seit ich dich gesehen;
> Hab auch lange Tage schon
> Keine Blum' gesehen!

> Keine Blumen und kein Lieb –
> Ach was soll das werden?
> Was soll aus dem Frühlingstrieb
> In mir innen werden?

Es wurde alles immer nur zum Material für das literarische Werk.

»Kellers große Frauen – er ist berühmt für sie, und sie verdienen, über das Gutmütig-Erheiternde der Zusammenstellung hinaus, einen zweiten, genaueren Blick«, sagt Adolf Muschg. »Die Sprache der Liebe, die solche Frauen sprechen, ist bei aller Anmut und Schalkhaftigkeit fast nie ohne einen zurechtweisenden Zug … Es ist der verdammte Geist seines Lebens, der um diese Bilder spielend und hoffnungslos Einlaß begehrt. ›Humor‹ nennt man wohl dieses Spiel – ein Wort, das mit Vorsicht zu gebrauchen ist, denn die Leistung dieses Humors besteht in der Selbstüberwindung; in der Anstrengung, hell zu bleiben, statt schwarz zu werden und schwarz zu machen. An der Unzulänglichkeit der Frauenbilder ändert er nichts, er setzt sie nur ins rechte Licht, das der Trauer.«

Vergiftete Bonbons

Rosa Luxemburg und Kostja Zetkin

Die mythische Prinzessin Psyche erregte infolge ihres Äußeren den Neid der göttlichen Venus. Diese, um Psyche zu verderben, entsandte ihren Sohn Amor, der freilich dem Zauber der Prinzessin verfiel und sich in eine glühende Liebesbeziehung zu ihr einließ. Sie lebten eine glückliche Weile miteinander, bis Psyche, von ihrer unersättlichen Neugier getrieben, nächtens ein Licht entzündete, um sich das wahre Antlitz Amors zu besehen. Es führte zum Bruch zwischen den beiden. Die Geschichte von Amor und Psyche erzählt Apulejus in seinem Roman vom *asinus aureus,* dem goldenen Esel, in einer von mehreren dort eingestreuten Novellen. Als Geschichte einer mystischen Prüfung hat sie eine bedeutende Nachwirkung erlebt, in der Dichtung wie in der bildenden Kunst. Es gibt Gemälde, etwa von Rubens und Watts, und es gibt bildhauerische Arbeiten, etwa von Canova und Begas.

Eine porzellanene Kleinplastik zum Thema Amor und Psyche, wir stellen uns vor, es handelte sich um eine miniaturisierte Kopie der Arbeit Canovas, stand im Zimmer der Rosa Luxemburg, Cranachstraße 58 in Berlin-Steglitz, als eines von mehreren Nippes. Es heißt, ihr sei jene Statuette von allen Gegenständen ihrer Wohnung am liebsten gewesen. Sie lebte dort seit dem Jahre 1901, meistens zusammen mit ihrem Freund Leo Jogiches.

Als 1905 in Rußland eine Revolution ausbrach, von der bald das russisch verwaltete Polen erfaßt wurde, Rosa Luxemburgs Heimat, reiste sie gemeinsam mit Jogiches nach

Warschau, da sie sich in die dortigen politischen Auseinandersetzungen einzumischen gedachte. Ihre Berliner Wohnung stand zu jener Zeit leer. Ihre deutsche Freundin Clara Zetkin quartierte daraufhin, mit dem Einverständnis der abwesenden Hauptmieterin, den zweiten ihrer Söhne, Konstantin, genannt Kostja, in der Cranachstraße 58 ein. Hiermit sind sämtliche Personen jener Geschichte versammelt, die, was das Klima und die Stimmungen betraf, mehr noch als einer antiken Novelle aus der Feder des Lucius Apulejus einem melancholischen Theaterstück aus der Zeit der Jahrhundertwende zugehören könnte, verfaßt etwa von Henrik Ibsen oder August Strindberg oder Anton Tschechow.

Die alles dominierende Figur dabei ist jene der Rosa Luxemburg. Sie war im Jahre 1871 geboren, in Zamość, jener hinreißend schönen Renaissancestadt an der Weichsel, Schöpfung des polnischen Magnatengeschlechts der Zamoyski, nach denen die Stadt auch heißt. Der Vorname des Kindes lautete eigentlich Rosalie, der Nachname schrieb sich Luksenburg. Die orthographische Annäherung an das westeuropäische Fürstentum erfolgte erst viel später, als die in Zamość gebürtige junge Dame sich endgültig den deutschsprachigen Regionen Mitteleuropas zuwandte.

Die Luksenburgs zogen 1873 nach Warschau. Die in manchen Biographien behauptete Großbürgerlichkeit der Familie ist eine übertreibende Legende: Elias, Rosas Vater, war ein Kaufmann, der von kleinen Gelegenheiten lebte und der seine Angehörigen niemals über die Zustände eines bescheidenen und ständig bedrohten Wohlstandes hinausführen konnte. Rosa, jüngstes von fünf Geschwistern, erhielt immerhin die Möglichkeit, ein Mädchengymnasium zu besuchen, und wurde eine glänzende Schülerin. Sie begeisterte sich für die Sache der polnischen Unabhängigkeit und ließ sich bald auch in Kontakte zu konspirativ-sozialistischen Bestrebungen ein. Sie beendete das Gymnasium. Danach ging sie in die Schweiz, um zu studieren.

Der Ort war Zürich. Sie belegte an der dortigen Universität die Fächer Wirtschaftswissenschaften, Philosophie, Botanik, und sie begegnete Leo Jogiches. Er war vier Jahre älter als sie, und er war eine durchaus romantische Erscheinung. Er kam aus Wilna, der Hauptstadt Litauens, das, wie das östliche Polen, eine unter russischer Verwaltung stehende Provinz war und mit Polen außerdem ein Stück Nationalgeschichte gemeinsam hatte, denn für eine Weile war Wilna polnische Hauptstadt gewesen, und das polnische Nationalgedicht »Pan Tadeusz«, von Mickiewicz, der Rosa Luxemburgs Lieblingsdichter gewesen war, spielt in Litauen.

Leo Jogiches kam aus einer wohlhabenden jüdischen Familie. Er hatte sich früh in verschwörerische Handlungen anarchosozialistischen Charakters begeben. Er war in die Illegalität gegangen und hatte schließlich aus seiner Heimat fliehen müssen. Er war klug, kalt, überlegen. Manche sahen eine Ähnlichkeit zwischen ihm und den politischen Helden in Fjodor Dostojewskis Roman »Die Dämonen«. Von seinem Elternhaus her war Leo Jogiches begütert, und seine Existenz in Zürich hatte viel von einer komfortabel ausgestatteten politischen Boheme.

Rosa Luxemburg wurde zunächst so etwas wie sein politischer Lehrling. Da sie begabt war, lernte sie schnell, auch hier, und aus dem ursprünglichen Lehrer-Schüler-Verhältnis wurde sehr bald eines zwischen gleichberechtigten Partnern. Rosa Luxemburg brachte ihre Studien zu Ende. Sie promovierte. Auf Umwegen ging sie nach Deutschland, wo sie in der dortigen Sozialdemokratie eine rasche Karriere machte. Leo Jogiches blieb in Zürich. Die romantische Aura des von der zaristischen Polizei gejagten Berufsrevolutionärs begann ein wenig zu welken, auch sein Einfluß schrumpfte. Am Ende führte fast jeder Weg zu einer allgemeineren politischen Wirksamkeit für ihn bloß noch über seine einstige Schülerin Rosa Luxemburg.

Da hatten sie längst ein Liebesverhältnis miteinander. Leo Jogiches war nach Zürich in die Emigration zusammen mit einer jungen Frau namens Anna Gordon gegangen, aber diese Verbindung scheint nicht lange gehalten zu haben, die Spuren der schönen Litauerin verloren sich rasch. Die alles bestimmende weibliche Person im Leben des Leo Jogiches hieß fortan Rosa Luxemburg. Wäre er bereit gewesen, auf die Wünsche seiner Freundin völlig einzugehen, wäre es zu einer Eheschließung gekommen und zu mehreren von ihrer Mutter zärtlich umsorgten Kindern.

Einem solchen Anerbieten widerstand er hartnäckig. Wenigstens dies war von seiner Existenz als einstigem Berufsrevolutionär noch geblieben, daß er die Formen herkömmlichen bürgerlichen Ehe- und Familienlebens verabscheute. Eine derartige Ablehnung gab es nicht nur in Kreisen der radikalen Sozialisten. Sie war verbreitet bis weit ins bürgerlich-liberale Lager hinein, wie sie umgekehrt keinesfalls die unumstrittene oder mehrheitliche Meinung im sozialistischen Milieu gewesen ist.

Selbst Rosa Luxemburg hing ihr zunächst wohl nicht an. Wenn sie sich ihr schließlich unterwarf, so sah sie sich durch ihre persönlichen Umstände genötigt, und die waren erst einmal von Leo Jogiches gewollt. Sie hat sie schließlich völlig akzeptiert. Phantomschmerzen nach der vermeintlich heilen Welt, die durch das bürgerliche Eherecht gestiftet wurde, sind ihr dennoch geblieben. Ihrer Familie hat sie die ordentlich verheiratete Tochter ebenso vorgespielt, wie sie vor ihren politischen Freunden den wahren Charakter ihrer Verbindung mit Leo Jogiches verbarg, auch wenn das nicht durchweg gelang. Ihre zärtliche Zuneigung zu ihren Haustieren beschwichtigte erkennbar ein Kindchen-Syndrom. Sie hat ihre Rolle einer auch erotisch bestimmten Selbständigkeit angenommen und am Ende frei genutzt, selbst gegen die Intentionen jener Person, um derentwillen sie sich einst dazu entschlossen hatte, also Jogiches.

Kurz vor ihrem gemeinsamen Aufbruch nach Warschau, zu den Ereignissen der Revolution, war Rosa Luxemburg ein Liebesverhältnis zu einem anderen Mann eingegangen. Dessen Identität ist nicht mehr genau erweislich. In Briefen wird geredet von einem W., man vermutet, es habe sich um Władysław Feinstein gehandelt, aktives Mitglied der polnischen sozialistischen Partei SDKPiL, einer Gründung von Jogiches und Rosa Luxemburg. Feinstein war zehn Jahre jünger als Rosa, und vorausgesetzt, er wäre dieser W. gewesen, hätte er sich später eine ausgesprochene Pikanterie erlaubt, denn Władysław Feinstein hat über Jogiches eine Biographie verfaßt. Leo Jogiches aber war durch die Affäre zwischen W. und Rosa Luxemburg zutiefst getroffen. Er sah sich in seiner Eitelkeit beschädigt. Er sah sich in seinem Machismo verletzt. Ohne die Macht des Liebhabers, die er über Rosa Luxemburg hatte oder zu haben meinte, fand er sich in die Position eines wenig bedeutenden Zuarbeiters zu den allgemeinen politischen Zuständen versetzt. Dies war ihm angesichts seiner Gaben, seiner Verdienste und seines Lebenslaufes entschieden zu wenig.

Beide, Jogiches und Luxemburg, wurden in Polen verhaftet. Rosa Luxemburg kam auf Kaution wieder frei und kehrte nach Berlin zurück. Unter den Freunden, die sie in der deutschen Hauptstadt erwarteten, um sie willkommen zu heißen, befand sich auch Kostja Zetkin.

Dessen Mutter, Clara, war so etwas wie die Heroine der internationalen sozialistischen Frauenbewegung, schon seit längerer Zeit. Anderthalb Jahrzehnte älter als die Luxemburg, hatte sie ihrerseits eine bewegte Biographie hinter sich. Geboren war sie in Sachsen, als Clara Eißner, und kam aus protestantischem Milieu. In Leipzig lernte sie ihren ersten Mann Ossip Zetkin kennen, einen geflohenen Revolutionär russisch-jüdischer Herkunft, mit dem sie dann durch die Metropolen Westeuropas hetzte, denn in

Deutschland existierte zu jener Zeit Bismarcks Soziali-
stengesetz. Ossip Zetkin starb. Seine Witwe wurde eine
wegen der Courage ihres Auftretens und wegen ihrer journalistischen Arbeiten hochgeachtete Person.

Rosa Luxemburg und Clara Zetkin trafen einander in
Zürich. Die beiden Frauen freundeten sich rasch an. Der
deutsche Sozialistenführer August Bebel nannte sie bald
anerkennend die beiden einzigen Männer in seiner Partei.
An Beherztheit fehlte es der Zetkin niemals, was sich zum
Beispiel darin erwies, daß sie 1899, mit zweiundvierzig
Jahren, ein zweites Mal heiratete, einen achtzehn Jahre
jüngeren Mann namens Zundel, der von Beruf Kunstmaler war (kein guter). Dem Klatsch in ihrer Partei trotzte
sie problemlos. Sie bestand auf dem Recht, ihre eigenen
Glücksvorstellungen zu realisieren, auch entgegen den
moralisierenden Vorschriften ihrer Genossen.

Damit wurde sie für Rosa Luxemburg gleichsam ein
Maßstab, und zwar in mehrerer Hinsicht. Die unmittelbare
Umgebung, der man so eng verbunden war, einfach her-
auszufordern, brauchte es natürlich Mut, doch überdies
eine gewisse Unempfindlichkeit, wenn schon nicht Stu-
pidität. Den Verzicht auf persönliches Glück um der allgemeinen Sache willen öffentlich zu predigen und privat
zu verweigern, wie es die Zetkin tat, war riskant. Zudem
war es ein wenig töricht. Scharfe Intelligenz war nicht die
erste Tugend der sozialistischen Frauenrechtlerin Clara
Zetkin.

Die Luxemburg, ihre Freundin, sah dies mitleidlos. Die
Zetkin könne Ideen aufnehmen, doch keine hervorbrin-
gen. Sie sei ein leerer Schlauch, den ihr jeweils letzter Ge-
sprächspartner problemlos fülle. Bemerkungen einer
Frau, die sich selbst auf ihren scharfen Verstand viel zugute
halten konnte. Dafür hatte ihr die Zetkin das vorteilhaf-
tere Äußere voraus.

Clara Zetkin war, was man zu jener Zeit eine eindrucks-

volle Frauensperson nannte. Sie war gut gewachsen, stattlich, sie entsprach völlig dem Schönheitsideal des ausge-
henden viktorianischen Zeitalters. Rosa Luxemburg aber?

Man hat gesagt, sie sei vom Schicksal dreifach benach-
teiligt worden: als Frau in einer Männergesellschaft, als
Jüdin in einem antisemitischen Umfeld und als Krüppel.
Sie war kleinwüchsig. Sie hinkte, in der Folge einer wahrscheinlich angeborenen Mißbildung. Ihr Kopf war für
ihren kleinen Leib ein wenig zu groß. Sie versuchte, alle
diese körperlichen Unregelmäßigkeiten zu kompensie-
ren, indem sie lange, fließende Kleider und Hüte mit aus-
ladenden Krempen trug.

Die wichtigste Kompensation freilich wurde nicht durch
textile Accessoires hergestellt, sondern durch Geist, durch
Auftreten, durch intellektuelle Präsenz und charakterli-
che Stärke. Rosa Luxemburg besaß außerordentliche Energien. Sie war befähigt, vor Menschenmassen als Rednerin
aufzutreten und die Leute zu überwältigen durch ihre
zarte Erscheinung und ihr rhetorisches Talent. Die in Rus-
sisch-Polen Geborene, die Deutsch als Fremdsprache hatte
erlernen müssen, wurde zum begabtesten und begehrte-
sten Redner der deutschen Sozialdemokratie.

Auch als Journalistin war sie von beträchtlichen Talenten. Einer ihrer Biographen, der Franzose Gilbert Badia,
hat sie in eine Reihe mit großen deutschen Publizisten wie
Maximilian Harden, Kurt Tucholsky und Carl von Os-
sietzky gestellt. In der damaligen Sozialdemokratie kam
ihr an stilistischer Brillanz allenfalls noch der Historiker
Franz Mehring gleich. Solche intellektuelle Kraft, der körperlichen Hinfälligkeit abgetrotzt, hat Rosa Luxemburg
mit einem persönlichen Charisma ausgestattet, das unwi-
derstehlich wirkte, selbst noch im Erotischen. Leo Jogiches
war ihr sichtlich verfallen, ebenso wie der geheimnisvolle
W. Schließlich verfiel ihr Kostja Zetkin.

Er war der zweite Sohn Clara Zetkins aus deren erster

Ehe. Der Altersabstand zwischen ihm und Rosa Luxemburg war fast der gleiche wie jener zwischen seiner Mutter und seinem Stiefvater. Entgegen seinem älteren Bruder Maxim, einem energiegeladenen und beruflich erfolgreichen Menschen, galt er als minder begabt und ein wenig lebensuntüchtig. Er hatte gemeinsam mit seiner Mutter in mehreren Ländern gelebt und sprach verschiedene Sprachen. Er hatte unentwegt wechselnde Kindermädchen erlebt, die sich das Haus Zetkin immerhin leisten konnte, wie es dort überhaupt geradezu großbürgerlich zuging. Die Feministin Clara Zetkin war eine wenig begabte Mutter. Sie hielt auf pädagogische Dressurakte und drakonische Umgangsformen mit ihren Kindern. Ihrem Sohn Maxim entstanden daraus keinerlei Probleme, Kostja aber litt. Er war entschlußlos, verträumt, er las viel, wanderte und kletterte in den Bergen. Er brachte die Schule hinter sich und wußte hernach nicht, was mit sich anfangen. So blieb er im mütterlichen Hause in Stuttgart, bis ihn die Zetkin nach Berlin schickte, in die leerstehende Wohnung der Luxemburg. Kostja ergab sich gehorsam den mütterlichen Anweisungen. Er schrieb sich an der Berliner Universität ein und wohnte in der Cranachstraße 58.

Rosa Luxemburg kannte Kostja seit seinem dreizehnten Lebensjahr. Als sie im September 1906 aus Warschau zurückkehrte, war Kostja einundzwanzig, ein schmaler, dunkeläugiger Mensch, hübsch, mit wettergegerbtem Teint, in sich gekehrt und sehr melancholisch. Die Zetkin bat ihre Freundin Rosa, den nach ihrer eigenen Meinung ein wenig mißratenen Sohn pädagogisch aufzurichten. Die Luxemburg ging auf dieses Anerbieten ein. Es wurde ein *grand amour* daraus.

Sie hatten beide empfindsame Seelen, sie liebten die Natur und die Künste, sie litten an der allgemeinen Ungerechtigkeit der Welt und an ihren eigenen Defiziten. Nun erwies sich auch, daß Kostja keinesfalls jener intellektuelle

Versager war, den seine Mutter fälschlich in ihm sah. Die Luxemburg gab ihm ihre Artikel zu lesen. Er nahm sie nicht bloß gehorsam zur Kenntnis, sondern begann sich damit auseinanderzusetzen. Er erwies sich als durchaus wißbegierig und lernbereit. Sie machte ihn ein wenig zu ihrem politischen Schüler, wie sie selbst einmal die politische Schülerin von Leo Jogiches gewesen war.

Ihre Verbindung war, wenigstens in den Anfängen, fast problemlos, was das Verhältnis zueinander betraf. Heikel konnte sie zunächst bloß in den Augen und durch die Meinung von anderen werden. Der Klatsch über die zweite Ehe von Clara Zetkin war beiden noch eine lebhafte Erinnerung, und dabei hatte es sich doch um ein legalisiertes Verhältnis gehandelt. Sie entschlossen sich deswegen zu äußerster Geheimhaltung. Die hat auch weithin funktioniert. In der Literatur über Rosa Luxemburg taucht Kostja Zetkin nur als einer von mehreren politischen Lehrlingen auf, als Empfänger von pädagogischen Briefen, die ausführliche Vorschläge enthalten hinsichtlich der Lektüre von Karl Marx oder über Forschungen zur Geschichte der Französischen Revolution.

Die Partei-Elite scheint vom wahren Charakter dieser Verbindung niemals Kenntnis gehabt zu haben. Einmal war Rosa Luxemburg so leichtsinnig, ihren jungen Freund als Lehrer für die Parteihochschule vorzuschlagen. Es stieß auf empörte Ablehnung, bei Bebel sowohl wie bei Kautsky. Die beiden wechselten mißbilligende Briefe zu der Sache. Daß sich die Luxemburg derart für das mißratene Kind ihrer Freundin einsetze, sei verständlich, aber keinesfalls akzeptabel.

Und diese Freundin selbst? Es gibt kein Zeichen dafür, daß Clara Zetkin von der seltsamen Liebesbeziehung ihres Sohnes wußte. Vielleicht wollte sie es nicht wissen, vielleicht wußte sie es und schwieg.

Was eigentlich sollte ihr Besseres geschehen? Ihr Problemkind war intellektuell und erotisch versorgt. Möglicherweise trug es sogar einen Gewinn davon. Sie selbst hatte sich Freiheiten genommen, wie sonst nur die libertinen Frauen aus bürgerlichen Milieus es gewagt hatten, zum Beispiel Lou Andreas-Salomé, die Freundin Nietzsches, Rilkes und Freuds. Was hätte sie an der Verbindung zwischen Kostja und Rosa also stören sollen?

Die Irritation von außen wurde dann durch jemanden vorgetragen, der auch noch mit im Spiele war und sich gründlich hintergangen fühlte. Im April 1907 kehrte Leo Jogiches nach Berlin zurück. Er hatte eine politische Haft in Rußland hinter sich und war aus dem Gefängnis geflüchtet. Zwischendurch soll er noch eine erotische Affäre absolviert haben, aber das war vorüber, als er wieder in der Cranachstraße anlangte und dort erfahren mußte, daß seine alte Verbindung zu Rosa Luxemburg endgültig vorüber war. Es sollte da bloß noch die Politik geben. Wie konnte sich ein Mann seines Zuschnitts und seines Selbstbewußtseins damit abfinden, vom Objekt seiner leidenschaftlichen Zuneigung einfach verabschiedet zu werden?

Die Sache wurde hochdramatisch. Rosa Luxemburg kaufte sich einen Revolver, da Jogiches mörderische Drohungen wider sie ausstieß. Er werde sie umbringen, wenn sie nicht zu ihm zurückkehre.

Zwischendurch kam der praktizierte Marxismus zu seinem Recht. Die beiden reisten in politischer Mission nach London zu einem Sozialistenkongreß. Rosa klagte in einem Brief an Kostja, Jogiches lasse sie nicht aus den Augen. Jogiches fand einen verräterischen Brief Kostjas an Rosa. Jogiches erweiterte seine Morddrohungen auf den jungen Zetkin. Es kam zu lautstarken und gräßlichen Auftritten. Rosas Bruder Nathan traf in London ein. Er hatte von der gesamten Angelegenheit keinerlei Ahnung, ihm zuliebe spielte man die Komödie des friedlichen Paares. Man wohnte in einem sehr eleganten Hotel. Man speiste dort zu dritt, während die Kapelle Musik aus Bizets »Carmen« spielte. Rosa Luxemburg soll die Melodramatik der gesamten Szene sehr genossen haben.

Rosa kehrte allein nach Berlin zurück, gegen den anfänglichen Widerstand von Jogiches. Sie hatte auf dem Kongreß eine triumphale politische Rolle gespielt, und ihr alter Gefährte muß dabei begriffen haben, daß seine Macht über sie erst einmal obsolet war. Für ein paar Monate trennten sie sich und wechselten nur noch Briefe allgemeineren Inhalts. Zu Beginn des Jahres 1908 war Jogiches wieder in Berlin. Erneut kam es zu fürchterlichen Szenen. Jogiches versuchte, Rosa und Kostja zu überraschen und bloßzustellen. Er verfolgte Rosa mit dem Revolver, daß sie auf die Straße fliehen mußte. Beider politische Freunde blieb die gespannte Situation nicht verborgen, aber keiner von ihnen kannte den eigentlichen Grund. Da die politische Arbeit sie immer wieder zusammenführte, war die endgültige Trennung unmöglich, der zutiefst verstörte Leo Jogiches wollte sie auch nicht. Wenigstens vermied er den offenen Skandal aus Gründen des Taktes oder in der richtigen Erkenntnis, daß eine öffentlich blamierte Rosa Luxemburg wohl erst recht für ihn verloren wäre.

Dieser Kriegszustand aus vielen endlosen, erbitterten Zimmerschlachten dauerte über zwei Jahre. Zwischendurch war immer wieder politische Einigkeit zu demonstrieren. Sie hatten eine gemeinsame Bibliothek. Jogiches benötigte Bücher zum Arbeiten. Also geschah es, daß er sich tagsüber in der früher gemeinsamen Wohnung aufhielt, die er aber abends verließ, da er in einem Hotel schlief. Dies alles wurde zum neuerlichen Anlaß für seelische Quälereien und lautstarke Auseinandersetzungen. »Ich muß zum wer weiß wievielten Male bitten«, schrieb Rosa Luxemburg an Jogiches, »Geschäftliches mit mir schriftlich zu erledigen, damit ich in meinem Winkel Ruhe habe. Ich brauche das Zimmer nicht und betrete es nicht, und wenn jemand von außerhalb zu Besuch kommt, dann halse ich ihn mir im Schlafzimmer auf, um das Zimmer nicht zu benutzen.« Die Rede war von Jogiches' Zimmer in der gemeinsamen Wohnung. Die Bemerkung, Gäste von außerhalb würden in ihrem eigenen Schlafzimmer nächtigen, mußte die Assoziation an Kostja Zetkin wecken und sollte dies wohl auch. »Ich habe keine Kraft mehr, dieses Gezerre länger zu ertragen«, schrieb sie noch, und es war vielleicht auch etwas Koketterie dabei.

Wie aber verhielt sich in der Sache Kostja Zetkin? Mit einem Mann von der Statur des Leo Jogiches um eine Frau zu wetteifern und dabei noch siegreich zu bleiben, tat seinem verwundeten Ego gut. Es stabilisierte sein bislang so erheblich gestörtes Selbstbewußtsein. Doch damit verbunden waren gleich wieder potentielle Überforderungen. Rosa Luxemburg wollte ihn ständig erziehen. Sie sah in ihm auch das Kind, das sie nie haben würde, den Sohn, den sie sich nach ihrem Bilde formte. Da er sich, allen vorgeschlagenen Lektüren zum Trotz, nicht zum überlegenen marxistischen Theoretiker bilden wollte und zum investigativen Geschichtswissenschaftler auch nicht, fütterte sie ihn schließlich mit zeitgenössischer Weltliteratur, da sie jetzt in ihm einen Dichter zu erkennen meinte. Dann wieder wollte sie einen Maler oder Bildhauer aus ihm machen. Sie selbst war in beidem begabt, in der Poesie wie in der bildenden Kunst.

Doch er kam nirgends voran. Er half seiner Mutter bei der Redaktion einer Zeitschrift. Überhaupt lebte er überwiegend in Schwaben und traf Rosa Luxemburg, wenn er nach Berlin reiste, unter den alten, unverändert klandestinen Bedingungen. Sie wurde eifersüchtig. Sie durchforschte sein privates Leben nach anderen Frauen. Die Quälereien, die sie Jogiches verabreichte, erlitt sie ihrerseits wegen Kostja. Sie wurde nervös und zänkisch. »Warum, warum muß ich im Leben durch lauter stechende und schneidende Eindrücke gehen, wo in mir ewig die Sehnsucht nach ruhiger Harmonie weint?« Dergleichen Sprachkitsch hat sie sich sonst nie erlaubt. »Warum hast Du nicht auf mich gewartet? Warst Du böse? Unzufrieden?« In solchen Worten verbirgt sich eine seelische Grundhaltung des inständigen Gebettels, die der, dem sie gilt, vielleicht nur schwer ertragen kann.

Kostja bekam keine Luft mehr. »Die Freiheit, die sie ihm geschenkt hatte, war ein vergiftetes Bonbon«, beschreibt die Rosa-Luxemburg-Biographin Elżbieta Ettinger maliziös die Situation des jungen Zetkin. Im Sommer 1909 unternahmen die beiden noch einmal einen kurzen gemeinsamen Urlaub. Danach begann Kostja mit Versuchen der Emanzipation. Rosa reagierte sofort. Wenn er sie nicht mehr liebe, solle er es nur äußern. Er folgte dieser Aufforderung. Er schrieb ihr, das Verhältnis sei zu einer außerordentlichen Last für ihn geworden, die er abzuwerfen wünsche.

Wie würde sie darauf reagieren? Würde sie klagen, würde sie ihre geistigen Kräfte aufbieten, um ihn zu beschwören? Nichts davon geschah. Sie zeigte eine beträchtliche seelische Disziplin und ließ ihn wissen, er sei tatsächlich frei, sie stelle sich nicht in seinen Weg.

Es war Kalkül dabei. Sie kannte ihn gut genug, und sie war eine erfahrene Frau. Die Wirkung ihrer Äußerung geriet genau so, wie sie das wohl gewußt und gewollt hat. Kostja Zetkin sah plötzlich, daß Rosa Luxemburg der erste, der einzige verläßliche Partner war, den er je besessen hatte in seinem unauffälligen und ein wenig vertanen Leben. Er war, was er war, durch sie.

Ohne sie war er nichts. Im nachhinein erschrak er über seine Kühnheit und deren Folgen. Er schrieb also zurück, daß er sich entschuldige. Er bat, es möge sich alles wieder so herstellen wie zuvor. Mit der gleichen Ruhe, mit der sie ihn vorher freigegeben hatte, ging sie nun auf dieses

Anerbieten ein. Sie verzieh ihm. Über die Motive ihrer Reaktion läßt sich nur mutmaßen. Vielleicht waren es diese: Wenn die Verbindung schon brach, sollte es wenigstens durch sie veranlaßt sein. Dies nahm sie für sich in Anspruch, selbst wenn sie sich dessen nicht völlig bewußt wurde.

So hielt die Verbindung noch insgesamt drei Jahre. Der alte Zustand war freilich nicht mehr herstellbar. Sie schrieben einander weiterhin Briefe, sie trafen sich, sie entzweiten und versöhnten sich, es wurden schließlich daraus drei Jahre einer fortwährenden Quälerei bei allmählich schwindenden Energien auf beiden Seiten.

In jenem Maße aber, wie ihr Einfluß auf Kostja Zetkin nachließ und, notgedrungen, dessen Einfluß auf sie, söhnte sie sich mit Leo Jogiches aus. Sie war ehrlich genug, dem alten Freund ihre Enttäuschungen einzugestehen, wenn auch nicht die dazugehörigen Gründe. Sie leide, schrieb sie ihm, »unter einer solchen physischen und moralischen Depression, daß ich nicht imstande bin, auch nur einen einzigen Satz zu schreiben«. Jogiches war phantasievoll genug, die Gründe zu erraten, und es spricht für ihn, daß er darüber nicht in nachholenden Triumph verfiel. Er schickte ihr Bücher und Blumen. Er mobilisierte seine alten Macho-Gewohnheiten, und sonderbarerweise tat ihr das gut. Es erinnerte sie an früher, und es provozierte ihren Widerspruch.

»Sie wußte«, schrieb Elżbieta Ettinger, »die Zeit arbeitete gegen sie.« Kostja Zetkin wurde immer unwohler in seiner Abhängigkeit von ihr, er war zu schwach, sich zu lösen, aber nicht mehr begierig, seine Rolle als Liebhaber zu spielen. Er kam zu Besuch, von seiner Mutter als Schutzschild begleitet. Manchmal, als Reaktion auf Rosas hoffnungslos traurige Briefe, kam er ohne Clara. Aber seine Besuche machten sie noch schwermütiger; das Haus sei leer, seit er gegangen wäre, schrieb sie ihm, und niemand sei da, der sie tröste.

Der endgültige Bruch kam 1912. Rosa Luxemburg war jetzt vierzig Jahre alt. In der Öffentlichkeit wurde sie respektiert und gefürchtet als einzige Frau im Führungspersonal der damals mächtigsten politischen Strömung Europas. Sie verkehrte mit Plechanow, Bebel, Kautsky, Lenin, Jaurès und stritt sich mit ihnen. Ihr jugendlicher Freund hatte es derweil mit attraktiven Frauen, aber nach dem endgültigen Bruch mit Rosa Luxemburg kehrte er aufatmend wieder zurück zu der anderen dominanten Figur seines Lebens, das war seine Mutter.

Rosa Luxemburg hatte nach dem Bruch mit Kostja Zetkin noch knapp sieben Jahre zu leben. Den größeren Teil davon würde sie im Gefängnis verbringen. Ihr Anwalt bei den politischen Prozessen, die ihr diese Haft einbrachten, hieß Paul Levi und wurde ihr letzter Liebhaber. Sie kam aus der Haft frei, als das deutsche Kaiserreich, die Bühne ihres beispiellosen politischen Aufstiegs, untergegangen war. Die folgende deutsche Republik begann damit, daß man Rosa Luxemburg ermordete.

Ebenso wie Leo Jogiches. Er hatte die politische Arbeit seiner Gefährtin weitergeführt während der Zeit ihrer Strafverbüßung, er teilte schließlich ihr Schicksal bis zuletzt. Konstantin Zetkin, Urheber des schwersten Zwistes zwischen ihm und Rosa Luxemburg, wurde im Ersten Weltkrieg deutscher Soldat, studierte danach Medizin, aber brachte es, kennzeichnend für ihn, nicht zum Abschluß. Später ging er nach Amerika, wo er 1980 starb, im Alter von fünfundneunzig Jahren. Auch seine Mutter Clara war sehr alt geworden. Sie starb 1933 in Moskau. Einer ihrer Sargträger ist der sowjetische Diktator Josef Wissarionowitsch Stalin gewesen.

Zerbrochene Schwerter im Herzen

Georg und Grete Trakl

Februar 1887. Dem Salzburger Kaufmann Tobias Trakl und seiner Frau Maria wird als viertes Kind ein Sohn geboren, Georg. Fünf Jahre später kommt als sechstes und letztes Geschwister ein Mädchen zur Welt, Margarete, genannt Grete. Bruder Georg beginnt im gleichen Jahr mit dem Schulbesuch, der sich für ihn zu einer Abfolge von Mißerfolgserlebnissen und Deformationen gestalten wird. Die Trakls wohnen ziemlich nahe dem Dom, am Waagplatz, wo sich auch ihre Eisenwarenhandlung befindet. Das Haus ist ehrwürdig und bietet viel Raum. Heute siedelt eine berühmte Konditorei darin, das Café Glockenspiel.

> Alte Plätze sonnig schweigen.
> Tief in Blau und Gold versponnen
> Traumhaft hasten sanfte Nonnen
> Unter schwüler Buchen Schweigen.

So wird Trakl später die Ortschaft seiner Geburt beschreiben, in seinem vermutlich bekanntesten Gedicht, das den Titel »Die schöne Stadt« trägt. Seine Schwärmerei wird von Verklärung bestimmt. Die historische Wahrheit kommt entschieden banaler:

Salzburg ist zu jener Zeit nicht viel mehr als ein vor sich hin dösendes Provinznest, bewohnt von Beamten, Kaufleuten und Militärs. Es zeigt sich altertümlich und morbide. Es befindet sich im Zustand eines unaufhörlichen architektonischen Verfalls. Alles Leben verläuft behäbig, kleinstädtisch-borniert. Die Luft ist erfüllt von Fäulnis und Trauer.

Die Trakls sind wohlhabende Leute. Das Eisenwarengeschäft floriert, man hat Domestiken, der Hausherr ist eine fröhlich lärmende Natur, die Mutter eine kunstsinnige Neurotikerin. Tobias Trakl bekennt sich zum Protestantismus. In der einstigen Residenz auftrumpfender katholischer Fürstbischöfe vermag dies eine Art Außenseiterstatus zu konstituieren: wenn denn jemand besonders empfindlich ist oder wenn er für seine Überempfindlichkeit einer objektiven Begründung bedarf.

Der junge Georg Trakl besucht ein katholisches Erziehungsinstitut, außerdem die evangelische Christenlehre. Daheim hat er eine Bonne, die aus dem Elsaß stammt und ihn gleichermaßen mit der französischen Sprache und einem gewissermaßen hysterischen Katholizismus versorgt. Die fremde Sprache wird zum förmlichen Argot der Familie. Die Mitglieder bedienen sich ihrer auch im alltäglichen Umgang.

Georg Trakl liest die zeitgenössische Literatur Frankreichs im Original, da geht er noch ins Untergymnasium. Die Autoren heißen Maeterlinck, Huysmans und, vor allem, Charles Baudelaire, sämtlich Schriftsteller einer schillernden Morbidezza. Der Junge erhält Klavierunterricht, wie seine Geschwister. Er bringt es bloß zu mäßigem Erfolg. Seine einschlägigen Vorlieben heißen Frédéric Chopin und Franz Liszt, später Richard Wagner. Die größte musikalische Begabung in der Familie wird die Schwester Margarete sein.

Das erste Jahr des neuen Jahrhunderts bringt eine schwere Demütigung: Georg Trakl wird in der Schule nicht versetzt und muß die Klasse wiederholen. Er schreibt Gedichte. Er sondert sich ab, immer mehr, er irritiert seine Mitwelt durch Äußerungen seiner Lethargie. Er liest Fjodor Dostojewski und Friedrich Nietzsche. Er raucht. Er trinkt Unmengen Wein. Heimlich experimentiert er mit Rauschgiften, Chloroform und Äther. Er wird Stammgast in den beiden örtlichen Freudenhäusern. Das wäre ein ausreichender Grund, ihn umgehend des Gymnasiums zu verweisen, das er besucht, aber da liegt noch viel näher seine anhaltende und offensichtliche Leistungsschwäche. 1905 verläßt er die Schule und beginnt eine Lehre als Apotheker.

Der soziale Absturz, den das bedeutet, ist erheblich, wiewohl nicht bodenlos. Irgendwie läßt er sich sogar literarisch begründen. Waren nicht auch Fontane und Ibsen Pharmazeutenzöglinge gewesen? Vor allem bietet der Keller der Apotheke »Zum Weißen Engel«, gelegen auf dem anderen Salzachufer, wo sich Schloß Mirabell befindet, ein reiches Sortiment von Bewußtseinsdrogen und eröffnet jemandem, der dort arbeitet, einen vergleichsweise problemlosen Zugriff. Trakls ältestes lyrisches Vorbild, Charles Baudelaire, hatte seine »Blumen des Bösen« durch regelmäßigen Opiumverzehr genährt. Im übrigen besuchte Trakl regelmäßig das örtliche Theater, das einmal sogar ein Dramolett von ihm aufführt. Die Sache wird ein Achtungserfolg. Außerdem schreibt er für die lokale Zeitung und nimmt teil an allerlei Bohemezirkeln und literarischen Treffs.

Die fünf Jahre jüngere Grete ist sein Lieblingsgeschwister. Sie wird als eine kraftvolle, jähe, sinnliche Person beschrieben, nicht eben hübsch, aber das ist Georg ebensowenig, dem sie im übrigen sehr ähnlich ist, im Äußeren wie im Wesen. Als elfjähriges Kind gibt man sie nach Niederösterreich, in ein Internat der Englischen Fräulein, später noch in ein katholisches Erziehungsheim, nach Wien. Die frommen Prüderien, die man in solchen Instituten lehrte, scheinen sie eher herausgefordert zu haben.

Sie ist künstlerisch hochsensibel, wie Georg, und sie ist hemmungslos wie er. Derart tragen sie beide, so wird es Georg irgendwann notieren, »zerbrochene Schwerter im Herzen«. Die erste Entdeckung, die sie sich machen, ist ein sie beide solidarisierendes Gefühl des Andersseins, und womöglich wird einer der Antriebe ihres gesamten späteren Verhaltens die trotzige Absicht, sich eben dies zu bestätigen.

Darin liegt viel Hochmut. Da sie beide gebildete Personen sind, kennen sie die kulturgeschichtlichen Implikationen ihres Tuns. Daß der Geschwisterinzest eine Abart von hemmungslosem Narzißmus ist, mögen sie ahnen, wenn sie sich ihrer auffälligen Ähnlichkeit zärtlich innewerden.

»Incestus« bedeutet unrein. Das deutsche Wort für den Inzest lautet Blutschande. Das Tabu, betreffend die sexuellen Beziehungen zwischen eng Verwandten, ist so alt wie die rückverfolgbare Geschichte der Menschheit, wir finden es auch bei allen noch heute existierenden Naturvölkern. Als Gründe für das Bestehen der Inzestschranke gelten die überlebensstiftenden Ordnungs- und Solidaritätsbedürfnisse von Familie und Sippe sowie die vorgebliche Erfahrung, daß Nachkommen aus inzestuösen Verbindungen häufig Erbschäden aufweisen.

Wenigstens die letztgenannte Begründung ist umstritten. Die Tatsache, daß selbst bei höchstentwickelten Tieren inzestuöse Beziehungen durchaus üblich sind, vermag auszuweisen, daß es sich beim Inzesttabu jedenfalls nicht, wie gelegentlich auch behauptet, um eine genetisch erworbene Sperre, sondern um eine soziale Übereinkunft handelt, vermittelt durch Erziehung und geschützt durch rigide Strafandrohung.

Wie aber soll nun erklärt werden, daß ausgerechnet in Herrscherhäusern die eheliche Verbindung zwischen Geschwistern möglich, wo nicht verbindlich war? Ein berühmtes Beispiel sind die Pharaonen. Man denke an Tut-ench-Amun, den knabenhaften König, dessen kindlich-reizende Gattin (man kennt beider gemeinsames Abbild aus den Funden des durch Carter 1922 entdeckten Grabes) die eigene Schwester war. Enthob die verkündete

Gottähnlichkeit den Herrscher einer für alle Irdischen sonst verbindlichen Vorschrift?

Man konnte es so sehen. Säkular formuliert, hieße es, daß sich fürstliche Macht ihren besonderen Status durch eine vorsätzliche Verletzung der sonst gültigen Normen bestätigte, unter anderem. Sofern das Blutschandetabu diese Ausnahme aber zuließ, wieso sollte dergleichen nicht irgend multiplizierbar sein?

Solches Fragen verbot sich, solange feudalistische Subordination, christliches Sittengesetz und paulinische Sexualfeindlichkeit unumschränkt galten. Erst das bürgerliche Zeitalter erschütterte den Alleinvertretungsanspruch einer auf das Neue Testament gegründeten Ethik, und im Zeichen der fortschreitenden Laisierung setzte ein beharrliches Nachdenken ein: über die Regeln zwischenmenschlichen Verhaltens, über die dafür existierenden Begründungen, auch jene der Sexualität.

Nichts gilt mehr als selbstverständlich. Die Versuchung, bisherige Normen und Tabus zu erschüttern, ist bedeutend. Ab Mitte des 19. Jahrhunderts wird für die deutsche Kulturgeschichte der Inzest zu einem immer wiederkehrenden Thema. Den Anfang macht hier wie bei vielem Richard Wagner. In seinem »Ring der Nibelungen« treibt er zwei Geschwister einander in die sündigen Arme. Der Sproß ihrer Verbindung, Siegfried, ist gedacht als vitaler Held, als machtvoller Weltzertrümmerer und tragischer Sieger.

Der Mythos ist ein unverbindliches Vorzeitmärchen, er ist zugleich ein magisches Modell. Thomas Mann läßt in seinem »Wälsungenblut« zwei Münchner Großbürgerkinder der Jahrhundertwende inzestuös verkehren, übrigens unter ausdrücklicher Berufung auf Richard Wagner. Sie tun es übermütig, pralinenkauend und auf einem Eisbärenfell.

»Die Bestie in uns will belogen werden; Moral ist die Notlüge, damit wir von ihr nicht zerrissen werden. Ohne die Irrtümer, welche in den Ausnahmen der Moral liegen, wäre der Mensch Tier geblieben.«

So Friedrich Nietzsche, einstiger Wagner-Freund und Philosoph für die Stunde. Sein Aphorismus behauptet zweierlei: daß die Moral humanisierend und daß sie eine offensichtliche Lüge sei. »Niemand ist für seine Taten verantwortlich«, sagt Friedrich Nietzsche noch, »niemand für sein Wesen; richten ist so viel wie ungerecht sein.«

Zur ungefähr gleichen Zeit entdeckt Sigmund Freud die Welt der geheimen Triebwünsche. Was er zu Tage fördert, unter anderem, ist ein jedermann mitgegebenes und für gewöhnlich unterdrücktes Inzest-Begehren. Er nennt es den Ödipus-Komplex. Es wird das populärste Stück seiner Weltanschauung.

Der Schriftsteller Robert Musil, durchaus kein Freud-Anhänger, vielmehr energischer Schüler einer herkömmlichen Experimental-Psychologie, wird als Herzstück seines großen Romans »Der Mann ohne Eigenschaften« die Geschichte einer sexuell vollzogenen Geschwisterliebe vortragen. Das Thema beschäftigt ihn lebenslang. Sein einziges Gedicht, »Isis und Osiris«, handelt eben davon. Es vergewissert sich des Themas durch den Rückgriff auf die altägyptische Mythologie.

Freud und Musil sind Österreicher. Die riesige und innerlich unendlich mürbe Doppelmonarchie unterhielt so etwas wie einen europäischen Workshop in Sachen kulturellen Raffinements, dekadenter Verspieltheit und mondäner Untergangsvisionen. Jedenfalls durfte dies für die Kapitale gelten, Wien, die Millionenstadt. Salzburg lag von Wien um die dreihundert Kilometer weit entfernt. Eine Millionenstadt war es auch nicht.

Wo du gehst wird Herbst und Abend,
Blaues Wild, das unter Bäumen tönt,
Einsamer Weiher am Abend.

Leise der Flug der Vögel tönt,
Die Schwermut über deinen Augenbogen.
Dein schmales Lächeln tönt.

Gott hat deine Lider verbogen.
Sterne suchen nachts, Karfreitagskind,
Deinen Stirnenbogen.

Dieses frühe Gedicht trägt den Titel »An die Schwester«. Trakl wird es dann aufnehmen in einen Zyklus, den er »Rosenkranzlieder« nennt. Die drei Strophen zeigen den Dichter bereits in einem souveränen Besitz seiner lyrischen Möglichkeiten, und es kann kein Zweifel bestehen, daß es vor allem die erotische Beziehung zur Schwester ist, die solche poetische Energien freizusetzen vermag. Man darf schon von einem Trakl-Ton sprechen: einer verführerischen Mischung aus Musikalität, irisierender Vieldeutigkeit und Trauer.

Wer sich die im Gedicht vorgeführten Szenerien entschlüsseln will, vermag mühelos allerlei Salzburger Topographien zu erkennen. Die Wälder am Stadtrand. Manchmal stehen Teiche zwischen den Bäumen. Die Ufer sind verschilft, das Wasser ist trüb von den Algen. Bietet sich dies als Ort einer geheimnisvollen erotischen Begegnung nicht geradezu an?

Auffällig in den Versen noch die inständige Beschwörung christlicher Symbole. Gott wird angerufen und gleichsam in die Mitverantwortung genommen. Ein Wort wie »Karfreitagskind« assoziiert außer einer anrührenden Zärtlichkeit auch Begriffe wie Kreuzigung, Opfer, Stigmata und Blut. Daß dabei vielleicht an Richard Wagners Karfreitagsoper »Parsifal« mit ihren offenen Wunden und ihren endlich erlösten Sündern erinnert werden soll, mag man annehmen oder nicht.

Ein schwüler Garten stand die Nacht.
Wir verschwiegen uns, was uns grauend erfaßt.

Davon sind unsre Herzen erwacht
Und erlagen unter des Schweigens Last.

Es blühte kein Stern in jener Nacht
Und niemand war, der für uns bat.
Ein Dämon nur hat im Dunkel gelacht.
Seid alle verflucht! Da ward die Tat.

Die etwas gewaltsame Dramatik dieser Ballade läßt erkennen, daß alle zärtlichen Melancholien verflogen sind,
um Platz zu machen für die Empfindung einer düsteren
Ruchlosigkeit. Der hier zitierte Garten ist jener, den die Familie Trakl in Salzburg besitzt. Man hält sich oft dort auf.
Photographische Aufnahmen zeigen ihn dicht bewachsen,
mit hängenden Zweigen und einer hölzernen Laube.

Ein Dornenbusch tönt,
Wo deine mondenen Augen sind ...
Dein Leib ist eine Hyazinthe,
In die ein Mönch die wächsernen Finger taucht.

Die etwas schwüle Anrufung gilt einem Knaben. Aber
die Grenzen zwischen den Geschlechtern verwischen
sich, und als Perversion gilt die Homosexualität so gut wie
der Inzest. Der Knabe Elis in Trakls Gedicht ist nichts als
eine ausweichende Metapher.

Insgesamt macht es nun einen beträchtlichen Unterschied, den durch Richard Wagners »Walküre« mythisch
propagierten Tabuverstoß gutzuheißen oder ihn selbst zu
praktizieren. Plötzlich sieht man sich dem lastenden Ge-
wicht einer jahrhundertealten Moralvorstellung ausgesetzt.

Aus bleichen Masken schaut der Geist des Bösen.
Ein Platz verdämmert grauenvoll und düster ...

Alle trotzigen Bekenntnisse zum Immoralismus, wie
man sie aus Friedrich Nietzsches Büchern bezogen hat,

helfen plötzlich nichts mehr gegen die unablässig nagenden Gefühle von Sünde und Schuld.

Georg Trakl bringt der Schwester den Umgang mit Rauschgift bei. Er zieht damit gleichsam einen weiteren Cordon um sie beide. Der gemeinsame Drogenkonsum stattet die Geschwister nicht bloß mit einem zusätzlichen Geheimnis aus, sondern ist vor allem der Weg, etwelche Empfindungen der Irritation und des Grauens zu betäuben.

Grete verfällt dem süßen Gift bald noch viel radikaler als Georg, wie sie sich auch in ihren übrigen Taten energischer, zielstrebiger, bedenkenloser als der Bruder zeigt. Sie beginnt eine Affäre mit einem der intimsten Freunde Georgs. Sie wird es auch später mit der sexuellen Treue nicht sehr genau nehmen. Die Reaktion bei Georg sind wütende Eifersuchtsphantasien, die er als dramatische Szenerien zu Papier bringt und in denen er die Stellvertreterfigur der Schwester am Ende umbringen läßt.

1908 schließt Georg Trakl seine praktische Apothekerausbildung ab und geht nach Wien. Er soll an der dortigen Universität Pharmazie studieren. Die große Stadt peinigt ihn, er fühlt sich allein und elend, er betäubt seine Empfindungen, wie er es gewohnt ist, mit Gift.

> Die Stufen des Wahnsinns in schwarzen Zimmern,
> Die Schatten der Alten unter der offenen Tür ...

Ein Ort der bedenkenlosen Libertinage war Wien nur für Schichten, zu denen Georg Trakl nicht gehörte und zu denen er auch keinen Zugang suchte. Die normalen Zustände in dieser Stadt blieben die finstere Anonymität und die dumpfe kleinbürgerliche Enge.

Das Jahr darauf, 1909, wird seine Schwester Schülerin an der Wiener Musikakademie.

Er hat sie also wieder um sich, die »Fremdlingin« und »Jünglingin«, das »schönste Mädchen«, die »größte Künstlerin« und das »seltenste Weib«. Er sieht sich zurückgeworfen und eingesperrt in den gewohnten, immergleichen Kreislauf aus Begierde, Rausch, Ernüchterung und vergeblicher Reue. In dieser Zeit lernt er das lyrische Werk Arthur Rimbauds kennen, der, wie man weiß, eine leidenschaftliche homosexuelle Beziehung mit Paul Verlaine unterhielt, dessen Ehe er zerstörte und sein eigenes Leben am Ende auch. Georg Trakl verdankt Rimbaud literarisch sehr viel: die surrealen Visionen, das Thematisieren von Häßlichkeit und Verfall, die Synästhesien. Er kennt Rimbauds wüste Biographie und nimmt sie sich zum rechtfertigenden Modell. Viel Tröstung kann ihm kaum daraus erwachsen.

Seine Abhängigkeit vom Rauschgift wird stärker. In den Versen häufen sich die Bilder der Verzweiflung, und immer öfter schreibt er das Wort Tod auf. »Ich habe die fürchterlichsten Möglichkeiten in mir gefühlt, gerochen, getastet und im Blute die Dämonen heulen hören«, schreibt er in einem Brief, »die tausend Teufel mit ihren Stacheln, die das Fleisch wahnsinnig machen.«

1910 stirbt Tobias Trakl, der Vater. Es erweist sich, daß die wirtschaftliche Situation der Familie längst nicht so gesichert ist, wie man bis dahin annehmen durfte. Wohlstand und Überfluß waren bloß simuliert. Dahinter wohnten die Unsicherheit, die Lüge, der Verfall. Niedergang und Auflösung allenthalben.

Am Abend, wenn wir auf dunklen Pfaden gehn,
Erscheinen unsre bleichen Schatten vor uns.

Die Schwester geht von Wien nach Berlin, um dort ihre Klavierstudien fortzusetzen, bei Ernst von Dohnányi, immerhin.

Da ich deine schmalen Hände nahm,
Schlugst du leise die runden Augen auf,
Dieses ist lange her.

Nur noch Erinnerung und Déjà-vu. Bei Georg Trakl wechseln auf Verzweiflung und Rausch Perioden einer wilden Aktivität. Er besteht, mit leidlichem Ergebnis, seine universitären Examina als Magister der Pharmazie.

> Es dräut die Nacht am Lager unsrer Küsse.
> Es flüstert wo: Wer nimmt von euch die Schuld?
> Noch bebend von verruchter Wollust Süße
> Wir beten: Verzeih uns, Maria, in deiner Huld.

Dies ist die erste Strophe eines Trakl-Gedichtes mit dem eindeutigen Titel »Blutschuld«. Es scheint so, als ob er sich jetzt bloß noch als einen Verworfenen begreift, tief verwoben in Gefühle der Sünde. Längst vergessen ist Nietzsches Jenseits von Gut und Böse, das die Begegnung mit der Realität nicht ausgehalten hat. Die verzweifelte Anrufung der Gottesmutter, die in den auffolgenden Gedichtstrophen wiederkehrt, teilt mit, daß Trakl für seine Situation keine anderen Bilder mehr weiß als solche aus dem christkatholischen Kosmos, in dessen Dunstkreis er groß geworden ist.

Wie als Entgegnung darauf entwickelt das katholische Milieu eine vorsichtige Bereitschaft, seine aus Sündenbewußtsein, Verlorenheit, Erlösungsbegehren und barocker Ikonographie gemachte Dichtung zur Kenntnis zu nehmen und ihrem Verfasser eine Art von Heimstatt zu offerieren. In Innsbruck erscheint eine kulturelle Zeitschrift des Titels »Der Brenner«. Sie ist ein gescheites und ungewöhnliches, in manchem widerspenstiges Blatt. Sie hat den Ehrgeiz, dem gefräßigen Kulturmonopolismus der Hauptstadt Wien trotzig einen regionalen Eigenanspruch entgegenzuhalten. Sie ist, als ein Tiroler Erzeugnis, natürlich tief katholisch, aber sie begegnet dem vorherrschenden Konservatismus der Amtskirche mit entschieden linken Neigungen.

Der Herausgeber des »Brenner« ist ein wohlhabender Mann. Er druckt Trakls Verse. Daneben kümmert er sich um die Person des Dichters. Er läßt ihn bei sich wohnen. Er besorgt ihm finanzielle Beihilfen. Die komplizierte Persönlichkeit des Mannes aus Salzburg, mitsamt seiner Rauschgiftabhängigkeit und der heiklen Beziehung zur Schwester, nimmt er nachsichtig in Kauf. Er spürt wohl, daß dies alles ein substantieller Teil von Trakls literarischer Begabung ist, sich das eine ohne das andere also nicht haben läßt.

Unterdessen studiert Margarete Trakl, immer noch, in Berlin. Sie wohnt in einer Wilmersdorfer Pension, deren Besitzerin einen Neffen hat, Arthur Langen, von Beruf Buchhändler. Er ist viel älter als Grete. Berichte schildern ihn als einen großgewachsenen Menschen. Die Studentin interessiert sich für ihn. Sie läßt sich mit ihm ein. Die beiden heiraten schließlich, im Jahr 1912.

Der Bruder reagiert panisch darauf.

Triff mich Schmerz! Die Wunde glüht. Dieser Qual hab' ich nicht acht.

Er flüchtet in eine geradezu fieberhafte literarische Produktivität. Außer seinen Versen gibt es keinerlei Zeugnis, wie er die Nachricht von der Hochzeit der Schwester aufnahm. Diese Verse nun äußern sich in Bildern, die immer dunkler und rätselvoller werden.

> Wolken starre Brüste zeigen,
> Und bekränzt von Laub und Beeren
> Siehst du unter dunklen Föhren
> Grinsend ein Gerippe geigen.

Ihre metaphorische Vieldeutigkeit hat die Gedichte zweifellos vor einer möglichen Vernichtung bewahrt. Im Gegensatz zu den Briefen zwischen Georg und Grete, deren es zahlreiche gegeben haben muß und die allesamt verloren sind: beseitigt, wie man annehmen darf, von der Familie, die den Skandal, wo es ihn schon gab, wenigstens nicht ungehindert an die Öffentlichkeit gelangen lassen wollte.

Die Vieldeutigkeit der Verse indessen war von einer Art, daß sich das inzestuöse Verhalten der Geschwister in ihnen ebensogut belegen wie übersehen ließ. Daß der genialste Lyriker der österreichischen Moderne nach Maßstäben des gültigen Strafgesetzbuches ein praktizierender Sittlichkeitsverbrecher war, der außerdem ständig gegen das Betäubungsmittelgesetz verstieß, brachte etwa die Verwalter des Salzburger Kulturbewußtseins in einen nicht unerheblichen Erklärungszwang.

Da war es am bequemsten, die bösen Bekenntnisse dieser Dichtung einfach als Signale eines allgemein zu begreifenden Schuld- und Krisenbewußtseins zu nehmen. Die vielfältigen mythologischen Anspielungen erscheinen da nur mehr wie ein bohrendes Hilfeersuchen um christliche Vergebung. Hier beginnen die inständigen Versuche von Philologen und Philosophen, aus Georg Trakl einen religiösen Dichter zu machen. Begierig beugen sie sich über seine Verse, wieder und wieder. Man hat geradezu von einer Trakl-Kirche geredet. Es handelt sich um nichts anderes als die Austreibung von Blutschande mittels angewandter Literaturwissenschaft.

Grete und ihr Berliner Buchhändler führen unterdes keine glückliche Ehe. Sofern dies ein versuchter Eintritt in die bürgerliche Normalität werden sollte, ist er gründlich mißlungen. Grete macht Bekanntschaften, sie hängt weiterhin dem Rauschgift an, die Verbindung zu Georg bleibt unverändert. Sie muß eine Abtreibung vornehmen lassen. Georg reist überstürzt nach Berlin, um ihr beizustehen. Es ist der März des Jahres 1914.

Manches spricht dafür, daß er der Vater des ungeborenen Kindes war. Letzte Beweise fehlen auch hier.

> Des Vogelfluges wirre Zeichen lesen
> Aussätzige, die zur Nacht vielleicht verwesen.
> Im Park erblicken zitternd sich Geschwister.

Verse solcher Art müssen wenigstens das Entzücken der Berliner Expressionisten erregen. Tatsächlich begegnet Georg Trakl Else Lasker-Schüler, die gleich für ihn entflammt, um ihn mit schwärmerischen Versen zu bedenken. Ihr Ehemann Herwarth Walden wird schließlich zu den Berliner Bekannten von Margarete Langen gehören.

Trakls Zeitgenosse Robert Musil läßt den Vollzug der sündigen Liebesbeziehung der Geschwister in seinem Roman »Der Mann ohne Eigenschaften« folgerichtig in den Beginn des Ersten Weltkriegs münden.

Der Sommer des Jahres 1914 findet den siebenundzwanzigjährigen Trakl in Zuständen schwerer Depression, wieder einmal. Er bemüht sich um Unterstützung für seine Schwester Grete und findet sie nicht. Er betreibt sein eigenes berufliches Fortkommen und scheitert. Die Hilfen seiner linkskatholischen Freunde helfen ihm nur über eine kurze Zeit. Der Kriegsausbruch erscheint fast wie eine Erlösung.

Zu den zahlreichen Kriegsschwärmern, denen damals auch Musil zugehörte, zählt Georg Trakl nicht. Gehorsam rückt er ein, als Medikamentenakzessist, das ist Sanitätsoffizier, und wird an die österreichische Ostfront geschickt. Gleich die erste Schlacht, die er miterlebt, ist jene bei Grodek, nahe Lemberg, eine Aktion der blutigen Massenvernichtung und für Österreich ein militärisches Desaster. Der Anblick der Leichen, der pausenlose Umgang mit Verstümmelten und Moribunden überwältigen Trakl.

Er bricht zusammen. Er unternimmt einen Selbstmordversuch. Sofort schafft man ihn in ein Militärhospital, nach Krakau, wo er eine Weile liegt und auf seinen Geisteszustand untersucht wird. Er muß befürchten, vor ein Kriegsgericht zu kommen. In zwei letzten Gedichten schreibt er sich die erlebten Höllenvisionen des Krieges von der Seele.

Dann nimmt er von dem heimlich mitgeführten Kokain zu sich, eine Überdosis. Er stirbt an Herzversagen. Es ist Anfang November 1914.

Wie seine Schwester die Nachricht vom Ableben ihres Bruders aufgenommen hat, ist nicht bezeugt. Ihr Zustand dürfte besorgniserregend gewesen sein. Ihr Mann hat sie verlassen. Sie wird es noch eine Weile probieren, allein weiterzuleben, in Berlin. Zweimal entschließt sie sich, eine Entziehungskur zu machen, und beide Male bleibt das ohne Erfolg.

Im November 1917 ist sie Gast einer kleinen Gesellschaft. Den anderen Teilnehmern kommt sie geradezu ausgelassen und fröhlich vor. Irgendwann entschuldigt sie sich, begibt sich in ein Nebenzimmer und schießt sich dort eine Pistolenkugel in den Kopf: drei Jahre und achtzehn Tage nach dem Datum von Georg Trakls Sterben.

Liebelei und Vergeltung

Arthur Schnitzler und Adele Sandrock

In deutschen Lustspielfilmen der dreißiger Jahre wurde sie gerne als das besetzt, was im Berufsargot eine Knallcharge heißt: Adele Sandrock, pompöse Greisin in altmodisch schwarzer Garderobe, komisch, herrisch und mit donnerndem Damenbaß. So hat sie sich in der Erinnerung gehalten, und kaum jemand weiß noch, daß sie zuvor eine bedeutende Charakterdarstellerin gewesen war und noch früher ein gefeierter Bühnenstar mit erheblicher erotischer Ausstrahlung.

Sie wurde in den Niederlanden geboren, als Tochter einer holländischen Schauspielerin und eines kleinen deutschen Geschäftsmannes. In jugendlichem Alter bewarb sie sich bei der berühmten Bühnentruppe der Meininger und wurde genommen. Später folgte sie ihrer älteren Schwester Wilhelmine, die eine Bühnendarstellerin war wie sie, nach Rußland, wurde dort von einem deutschen Theatermann entdeckt und ging schließlich nach Wien.

Sie war stattlich gewachsen, hatte blondes Haar, war sehr selbstbewußt und berüchtigt für ihr loses Mundwerk. Ihr erster großer Erfolg in Wien war die weibliche Hauptrolle in einem Bühnenstück des französischen Dramatikers Alexandre Dumas-Sohn. Sie gab den Niedergang einer Kurtisane polnischen Geblütes, die Premiere fand statt im Oktober des Jahres 1889 im Theater an der Wien, jener durch Schikaneder, Mozart und beider »Zauberflöte« berühmt gewordenen Privatbühne im sechsten Wiener Gemeindebezirk. Die Leistung der Sandrock bescherte der

Aufführung volle Säle und machte sie selbst zu einer prominenten Person.

Zu den vielen Besuchern jener Produktion gehörte auch ein junger Mann namens Arthur Schnitzler; in einem Brief rühmte er das Spiel der Sandrock als »einfach hinreißend«. Er selbst stammte aus jüdisch-bürgerlichen Verhältnissen, sein Vater war ein in der Fachwelt bekannter Spezialist für Hals-, Nasen- und Ohrenerkrankungen. Auch Sohn Arthur hatte Medizin studieren müssen und war eigentlich bestimmt, die Karriere des Vaters zu wiederholen; er probierte es gehorsam, wiewohl ohne innere Überzeugung, denn noch viel mehr fühlte er sich zum Künstler bestimmt, und neben der Redaktion von Fachartikeln seines Vaters probierte er sich in der Herstellung von Texten für das Sprechtheater.

Wien war damals die Hauptstadt der Doppelmonarchie Österreich-Ungarn, einer politischen Großmacht, in der Ausdehnung die zweite Europas nach dem zaristischen Rußland. Das Riesenreich litt unter seinen immer wieder aufbrechenden ethnischen Konflikten, seinen wirtschaftlichen Disproportionen und der Hilflosigkeit seiner Verwaltung, die angeführt wurde durch den von seiner Aufgabe erkennbar überforderten Kaiser Franz Joseph. Dessen Sohn, der Thronfolger, hatte sich auf spektakuläre Weise entleibt. Seine Frau, die exzentrische Kaiserin Elisabeth, wurde ermordet von einem italienischen Anarchisten, er selber tröstete sich in aller Öffentlichkeit mit der Burgschauspielerin Katharina Schratt. Wien, seine Residenz, war eine ausufernde Zweieinhalb-Millionen-Metropole, wo Pomp und Elend, höchste Sensibilität und übelster Talmi aufeinandertrafen; seit den Tagen der musikalischen Klassik zu Beginn des nunmehr ablaufenden Jahrhunderts hatte es in ihr ästhetische Leistungen von grenzensprengender Dimension nicht mehr gegeben. Jetzt aber, inmitten einer von Lethargie und Niedergang bestimmten Atmosphäre und vielleicht begünstigt eben dadurch, wurde Wien neuerlich zu einer Welthauptstadt der Künste. Sie wurde es gleichermaßen in der Musik, der Architektur, der Malerei und der schönen Literatur; zu letzterer rechnete Arthur Schnitzler.

Er hatte begonnen mit einer losen Szenenfolge des Titels »Anatol«, wo es um die Amouren eines jungen Mannes aus begütertem Hause ging, als Modell für die Hauptfigur diente die eigene Person. Arthur Schnitzler war ein ausschweifender Erotiker, begabt mit einem geradezu unersättlichen sexuellen Appetit; seine Tagebücher notieren die Zahl, die Art und den Zeitpunkt seiner Liebesakte mit geradezu buchhalterischer Genauigkeit. Dezenz und äußere Zurückhaltung waren ihm dabei selbstverständlich. Üblicherweise unterhielt er mehrere Verbindungen nebeneinander, mit verheirateten Frauen, mit Schauspielerinnen, mit plebejischem Personal, Dienstmädchen und Modistinnen, sie waren das, was als Wiener »süßes Mäderl« in seinen Texten auftrat und als Typus damit berühmt geworden ist.

Sein zweites Theaterstück nach »Anatol« hieß »Das Märchen«. Es war wiederum autobiographisch orientiert, der Held, ein junger Literat, hat sich in seinen verschiedenen Liebesverhältnissen melancholisch verheddert. Die zweite Hauptrolle spielt Fanny, eine intime Freundin, die an der Unzuverlässigkeit und Unentschiedenheit des Helden schließlich zerbricht. Das Stück kam zur Uraufführung am Wiener Volkstheater, dem zweitgrößten und zweitwichtigsten Hause der Stadt nach dem Burgtheater, das Datum war der 1. Dezember 1893. Die Rolle der Fanny gab Adele Sandrock.

Die Produktion wurde kein Erfolg, bereits nach der zweiten Aufführung nahm die Direktion das Stück vom Spielplan. Da setzte sich Adele Sandrock hin und schrieb dem Verfasser einen Brief des Inhalts, sie habe ihre Rolle »voller Begeisterung und Entzücken« gespielt, sie gratuliere dem

Verfasser zu seiner Leistung und bestätige ihm sein großes Talent. »... schreiben Sie eine neue Rolle für mich«, fügte sie hinzu und bat ihn um seinen »werthen Besuch«.

Der Dichter suchte die Diva auf. Sie bewohnte in der Operngasse, das war allerbeste innerstädtische Lage, eine geräumige Zwölf-Zimmer-Wohnung. Sie bewohnte sie nicht allein. Ständig um sie war ihre holländische Mutter, eine polternde Trinkerin, die das Schlafzimmer ihrer Tochter in den unpassendsten Momenten zu betreten pflegte. Adele Sandrock selbst war eine launische Natur, mit unkonventionellen Manieren; gern empfing sie ihre Besucher im Bett.

Die erste Liebesnacht der beiden, man weiß es aus Schnitzlers Tagebuch, begab sich am 6. Dezember 1893. Der Dichter schlich aus dem Boudoir der Sandrock erst am frühen Morgen.

»Schnitzler ärgert Adeles Sinnlichkeit«, schreibt Friedrich Rothe, einer von gleich mehreren Chronisten dieser bemerkenswerten Verbindung, »und er beklagt sich in seinem Tagebuch über ihre gedankenlosen ›Gewohnheitsküsse‹. Der Sandrock geht es umgekehrt: Sein zugeknöpftes, auf intellektuelles Durchdringen gerichtetes Verhalten, seine ›gute‹ Erziehung, die ihn gelehrt hat, spontane Emotionen zu unterdrücken, wirken auf sie gefühlskalt und machen sie rasend. Offenbar hat sie noch nie einen Mann kennengelernt, der so introvertiert war wie Schnitzler, der nicht eigentlich zu leben scheint, sondern beobachtet, wie das Leben an ihm vorüberzieht.«

Bisher war es Arthur Schnitzler gewohnt, daß in seinen Liebesverhältnissen wie selbstverständlich er den alles bestimmenden Part übernahm. Bei seiner Beziehung zur Sandrock verhielt es sich eher umgekehrt. Die Schauspielerin hatte vor der Beziehung zu ihm intime Männerbekanntschaften in größerer Zahl unterhalten, was sie ihm auch mitteilte, worauf ihn quälende Eifersuchtsgefühle befielen. Dabei hatte seinerseits er immer wieder Beziehungen zu anderen Frauen neben ihr, was sie ahnte oder wußte und worauf sie mit Wutausbrüchen reagierte. Sie waren einander verfallen. Sie entwickelten eine gewisse Virtuosität, sich zu quälen. Schnitzler erschien jeden Abend an ihrer Wohnung, meistens wurde er vorgelassen, manchmal nicht, und dann durfte er sich ausmalen, wie sie ihn gerade mit einem anderen Manne betrog.

Noch immer stand es so, daß sie in Wien viel bekannter war als er. Durch den Umstand ihrer Liaison, die der Stadt nicht verborgen blieb, fiel einiges von ihrer Prominenz für ihn ab. Schnitzler verkehrte in einem Kreis literarischer Freunde, die sich, wir sind in Wien, regelmäßig in einem Kaffeehaus trafen, dem Griensteidl am Anfang der Herrengasse, gleich neben der Hofburg. Die Freunde mißbilligten Schnitzlers Liebesverhältnis mit der Sandrock und sparten nicht mit kritischen Kommentaren.

Die Sandrock verabscheute Schnitzlers Freunde. Sie stürzte den Dichter dadurch in erhebliche Konflikte. Sie wechselte ins Ensemble des Burgtheaters, was auch damit zu tun hatte, daß der neue Direktor des berühmten Hauses, Burckhard, einer ihrer Liebhaber gewesen war, was Schnitzler wußte. »Ich komme mir geradezu prostituiert vor in der letzten Zeit«, notiert der entnervte Dichter in sein Tagebuch.

Er tat, was Literaten in solchen Fällen gerne tun, er transportierte seine Empfindungen in einen literarischen Text. Hatte ihn die Sandrock nicht zu Beginn ihrer Beziehung um eine neue große Rolle ersucht? Das Stück, das er fertigstellte, hieß »Liebelei« und war abermals eine von Schnitzlers bittersüßen Geschichten um erotische Verführung und vornehmes seelisches Leid, die Uraufführung fand statt am Burgtheater, und die weibliche Hauptrolle der Christine spielt die Sandrock.

Dies geschah am 9. Oktober 1895. Die Produktion wurde

ein enormer Erfolg, mit dem der Schriftsteller Arthur Schnitzler endgültig durchgesetzt war, in Österreich und bald auch international; mit jenem Tag, so läßt sich behaupten, begann der Triumphzug der modernen österreichischen Belletristik, der dann weiterführte zu Roth, Musil, Broch, Rilke und der anhält bis zum heutigen Tag.

Mit dem Liebesverhältnis zwischen Schnitzler und der Sandrock war es da längst zu Ende. Die Schauspielerin hatte ihrem Dichter den Laufpaß gegeben, was ihn zugleich kränkte und erleichterte. Ihr neuer Liebhaber war ein enger Freund Schnitzlers, einer aus dem Literatenkreis des Café Griensteidl, Felix Salten; er sollte später berühmt werden durch zwei sehr unterschiedliche Bücher: »Bambi«, die rührende Geschichte eines zarten Rehs, und »Josefine Mutzenbacher«, die Erinnerungen einer Wiener Hure und die mit Abständen schärfste Pornographie, die in jener Zeit auf dem Markt zu haben war.

Auch die Sandrock hat sich literarisch betätigt. Zusammen mit dem Librettisten Robert Eysler, noch einem Liebhaber, verfaßte sie das Schauspiel »Vergeltung«, ein Schlüsselstück über ihre Beziehung zu Schnitzler; es wurde in Wien aufgeführt und beschäftigte für eine Weile den lokalen Klatsch. Schnitzler nahm es ihr nicht übel.

Die beiden sahen sich noch manchmal und wechselten gelegentlich auch Briefe. Zuletzt begegneten sie einander 1929, zwei Jahre vor Schnitzlers Tod; der Dichter saß im Parkett des Kleinen Theaters Unter den Linden, das heute nach Maxim Gorki heißt; die Sandrock war dort engagiert.

Man hatte ihr die Anwesenheit des berühmten Besuchers vermeldet. Sie spähte durch das Guckloch im Vorhang, sah ihn und stöhnte: »O Gott, ist der alt geworden!« Von sich selber sagte sie nichts.

Auf einen anderen Stern gehoben

Stefan George und Max Kronberger

In Thomas Manns Novelle »Beim Propheten« wird von Daniel erzählt, einem esoterischen Sektenstifter, der Gläubige und Neugierige zu sich lädt. »Ein breitköpfiger, freundlich blickender Knabe in einem neuen blauen Anzug und mit blanken Schaftstiefeln öffnete ihnen, eine Kerze in der Hand …« Auch im Raum selbst brennen Kerzen. Das Bild des Propheten zeigt »einen etwa dreißigjährigen jungen Mann mit gewaltig hoher, bleich zurückspringender Stirn und einem bartlosen, knochigen, raubvogelähnlichen Gesicht von konzentrierter Geistigkeit«. Seine Proklamationen trägt ein herbeigeeilter Jünger vor.

Man hat Daniel vielfach als ein parodistisches Porträt von Stefan George genommen, was nicht zutraf; das tatsächliche Vorbild hieß vielmehr Ludwig Derleth und lebte in München-Schwabing. Der Hinweis auf George war dennoch nicht gänzlich falsch, da Derleth eine Weile zum Umkreis Georges gehörte und beide, George wie Derleth, Exponenten einer Mode waren, die um 1900 im wilhelminischen Deutschland um sich griff und deren heimliches Zentrum die bayerische Hauptstadt München war.

Es handelte sich um lauter Ersatzreligionen. Ihre Stifter sammelten Anhänger und regierten mit gebieterischer Strenge. Es ging ihnen um Nietzsche, Esoterik und Fernöstliches, um vegetarische Ernährung, neue Kleidung und alternatives Leben, um reformierte Erziehung und freie Liebe; die Ästhetik, die alles begleitete, war der Jugendstil und ein bedeutendes Vorbild der Kunstbetrieb um

Richard Wagner. Überall bildeten sich Gemeinden und Kommunen. Am bekanntesten wurden die Anthroposophie von Rudolf Steiner, der Monte Verità im Tessin und der Kreis um Stefan George.

Der war ein sprachmächtiger Lyriker, dessen Interessen und Ehrgeize die Grenzen der Dichtung bei weitem überschritten. 1868 in der Nähe von Bingen geboren, als der Sohn eines Gastwirts und Weinhändlers mit teilweise französischen Vorfahren, hatte er nach dem Gymnasialbesuch ein unstetes Wanderleben begonnen, das er beibehielt bis an sein Lebensende. Einer seiner ersten Auslandsaufenthalte war Paris, wo er die Bekanntschaft von Stéphane Mallarmé und Paul Verlaine machte, deren symbolistische Sprachkunst ihn beeindruckte und deren Verse er ins Deutsche übertrug. Nebenher erschien seine erste eigene Lyrik. Sie wurde kostbar gedruckt, in limitierten Editionen, daneben gründete George eine eigene Zeitschrift, die sich nicht minder exklusiv gebärdete.

Als junger Mensch hatte er sich eine eigene romanische Sprache ersonnen, die entfernt an das Esperanto erinnert, die aber nur er allein wirklich verstand. Seine Dichtung notierte er in einer besonderen Orthographie und Interpunktion, die keinerlei Komma kannte und in der bis auf die Versanfänge und die Eigennamen sämtliche Wörter klein geschrieben wurden. Das stattete sie mit einer Aura des Besonderen und Erlesenen aus:

> Umkreisen wir den stillen teich
> In den die wasserwege münden!
> Du suchst mich heiter zu ergründen.
> Ein wind umweht uns frühlings-weich.

So was las sich unverhofft und verwirrend, aber suggestiv wirkte es außerdem.

Die Strophe wie auch das Gedicht, das mit ihr anhebt, besitzt eine zart erotische Grundierung. Die pararreligiösen

Sekten um 1900 hatten, versteckt oder völlig offen, eine sexuelle Implikation: als Antwort auf die offizielle Liebesmoral der bürgerlichen Gesellschaft, die zumal den gleichgeschlechtlichen Sexus unerbittlich verfemte. Es gab da berühmte Skandale, wie den um Philipp von Eulenburg, einen schwärmerischen Freund Kaiser Wilhelms II., und außer den allgemeinen Künstlerkreisen bot allein der Hermetismus lebensreformerischer Bünde vor zudringlicher Verfolgung Schutz.

Die Kreise um Stefan George boten solche Schutzfunktion sozusagen doppelt. Der Meister (derart seine offiziöse Anrede) hatte ein einziges Mal in seinem Leben eine heterosexuelle Begegnung gesucht und war daran gescheitert. Danach umgab er sich ausschließlich mit männlichem Gefolge, das, solange es ihm unmittelbar anhing, auf alle weiblichen Verbindungen verzichten mußte. Den Stefan-George-Bünden eignete etwas Ordensritterliches, das sie auch deutlich kultivierten und ausstellten und das den antirepublikanischen Sehnsüchten deutscher Bürgerlichkeit in jenen Jahren aufs trefflichste entsprach.

1902 notierte ein damals noch nicht vierzehnjähriger Münchner Gymnasiast in sein Tagebuch:

»Schon lange hatte ein Herr, dem ich öfters in der Leopoldstraße begegnete, meine Aufmerksamkeit auf sich gezogen. Er war ziemlich groß, hielt sich jedoch schief, die rechte Schulter höher als die linke. Am interessantesten war sein Kopf. Die Stirn hoch, die geistreichen Augen ziemlich tiefliegend, die Nase feingeschnitten, der Mund gewöhnlich fest zusammengekniffen, das Kinn etwas vorspringend, die Backenknochen scharf markiert. Er hatte langes schwarzes, nach hinten gekämmtes, seidenweiches, üppiges Haar; trug gewöhnlich schwarzen Mantel, dunkle Jacke, graue Beinkleider, Stock mit eingelegtem Knopf und ziemlich hohen Hut ... Eines Tages, es war im Februar (oder März), stand ich ... vor unserem Haus, Nikolaiplatz 1, als dieser Herr auf mich zukam und mich um die Erlaubnis bat, meinen Kopf, den er sehr interessant finde, abzeichnen zu dürfen. Ich erlaubte es natürlich ... Er fragte mich, ob ich bestimmte Neigungen und Anlagen habe, ich aber verschwieg mein bißchen Versemachen und schützte Naturkunde vor. Dann fragte ich ihn nach seinem Namen: Stefan George.«

Der Dichter begleitet den jungen Mann zu einem Photographen und läßt dort eine Aufnahme machen. Der Junge entdeckt bei einem Buchhändler eine George-Biographie, die sein Vater ihm kaufen muß. Er liest sie und versteht nicht viel. Beeindruckt ist er immerhin. Er sucht die Wiederbegegnung, die nicht zustande kommt. Erst im folgenden Jahr treffen sie einander wieder auf der Straße.

Der Junge besucht den Dichter. Er legt ihm seine eigenen Verse vor und ist geschmeichelt, als er sieht, wie ernst George die Sache nimmt. Der Dichter repliziert sogar, ebenfalls in gebundener Form:

> Ob du dich in finstrem tal verloren
> Von höhen abgesunken:
> Wie du hier stehst bist du erkoren
> Ins neue land zu schaun.
> Du hast vom quell getrunken:
> Betritt die offnen aun!

Der feierliche Tonfall beeindruckt den Jungen.

Übrigens heißt er Max Kronberger. Der bürgerliche Name scheint dem Dichter bei weitem nicht elitär genug, also nennt er den Knaben fortan Maximin. Er nimmt ihn mit zu seinen Freunden. Er nimmt ihn mit zu einem Maskenzug, bei dem er selber als Dante auftritt und Maximin als florentinischer Edelknabe. Er überwacht und beeinflußt die schulischen Arbeiten des Jungen. Er nimmt teil an dessen Konfirmation.

Jedesmal wird George gereizt, wenn sich ihm der Junge

zu entziehen scheint. »Er war sehr aufgeregt«, schreibt Kronberger in sein Tagebuch, »daß ich am Mittwoch nicht gekommen war, und sagte er sei nicht gewohnt, daß seine Freunde ihn in Kleinigkeiten vernachlässigten, und sie täten dies auch nicht. Um so mehr müsse ihm mein Verhalten mißfallen.« George entschuldigt sich dann. Es kommt zur Versöhnung und bald darauf zu neuerlichem Zwist. Der Dichterzug mit George als Dante wird wiederholt, Maximin trägt dabei eine Kerze, die George persönlich gegossen hat.

Der Dichter und Maximin treffen sich in Wien. Für George ist es einer seiner üblichen Ortswechsel, der Junge hält sich zu Besuch bei Verwandten auf. Es ist Ende März. Der Junge fühlt sich nicht wohl. Er erkrankt ernsthaft, klagt über Genickstarre, offenbar hat er sich an Meningitis infiziert. Er reist überstürzt zurück nach München. Er wird nicht wieder gesund. Er stirbt bald nach seiner Heimkehr, im April 1904, bloß einen Tag nach seinem 16. Geburtstag.

Der Dichter Stefan George erfährt diesen Tod als existentielle Heimsuchung. Er leidet entsetzlich. Er wird seiner Qualen nur dadurch Herr, daß er sie literarisch zu bewältigen versucht. Die Gedichte an und um Maximin, später gedruckt in den Bänden »Das Jahr der Seele« und »Der siebente Ring«, gehören zu den ergreifendsten Beispielen neuerer deutscher Poesie:

> Ihr tratet zu dem herde
> Wo alle glut verstarb.
> Licht ward nur an der erde
> Vom monde leichenfarb.

> Ihr tauchtet in die aschen
> Die bleichen finger ein
> Mit suchen tasten haschen –
> Wird es noch einmal schein!

Seht was mit trostgebärde
Der mond euch rät:
Tretet weg vom herde.
Es ist worden spät.

Er gibt ein Gedenkbuch für den Verstorbenen heraus.
Er stilisiert sich den Geliebten zur heiligen Erscheinung
und vergleicht ihn mit Alexander den Großen oder gar mit
dem zwölfjährigen Jesus im Tempel. »Das ganze getriebe
unsrer gedanken und handlungen erfuhr eine verschie-
bung seitdem dieser wahrhaft Göttliche in unsre kreise ge-
treten war. Die knechtende gegenwart verlor ihr allein-
recht seitdem sie sich einer anderen richte zu bequemen
hatte … Maximin hat nur kurz unter uns gelebt. Gemäss
einem frühen vertrag den er geschlossen wurde er auf einen
andren stern gehoben ehe seine göttlichkeit unsresglei-
chen geworden war.«

Georges stilisierter Maximin wird zu einer Figur, die
mit dem toten Bürgerkind aus München-Schwabing bald
nicht mehr allzuviel gemeinsam hat. Maximin wird im
elitären Kosmos von Georges Denken und Fühlen die allerhöchste Instanz und bleibt dies für die restlichen drei
Jahrzehnte, die der Dichter zu noch leben hat.

Seine Poesie wird dabei gebieterischer und strenger.
Seine Anhängerschaft wächst ständig, wobei seine Favo-
riten immer wieder wechseln. Darin ähnlich Richard Wagner, sind auch unter seinen Bewunderern etliche Abkömm-
linge jüdischer Familien; wie bei Wagner verstärkt sich bei
George, je älter er wird, ein lauernder Antisemitismus.
Seine Lyrik wird abstrakter. Sein Tonfall wird priester-
lich. Er schwärmt jetzt von einem »Neuen Reich«, das
sich auch politisch begreifen läßt und von vielen so begriffen wird; es fällt nicht schwer, gewisse Verbindungen zum
Weltbild Hitlers zu entdecken: Das Hakenkreuz als my-
thisches Symbol war bei Georges Anhängern in Umlauf,

ehe es Hitler okkupierte; sein Vertrauter Friedrich Gun-
dolf wurde der akademische Lehrer von Joseph Goebbels.
Soll man es George vorwerfen? Wenn es zutrifft, daß die
Taten der Schüler für oder gegen ihren Lehrer zeugen,
muß dann auch von den drei Brüdern Alexander, Berthold
und Claus Schenk von Stauffenberg gesprochen werden;
der spätere Hitler-Attentäter und seine Geschwister gehörten zu den letzten ergebenen Jüngern des alten Stefan
George.

Den hat das stilisierte Gedenken an Maximin bis in seine
letzten Stunden begleitet:

> Ob ich nun satt deiner qual
> Mit meinen spendungen karge?
> Zwing ich dich nieder im sarge.
> Treib ich ins herz dir den pfahl?

Er selbst starb 1933 im Tessin. Er liegt begraben auf dem
Friedhof Minusio.

Keine Grenzen, kein Genügen

Karl Kraus und Sidonie von Nádherný

Janowitz, tschechisch Janovice, ist ein auf Renaissance- und Barockfundamenten errichtetes Schloß im neugotischen Stil, gelegen in Mittelböhmen, auf halber Strecke zwischen den Städten Prag und Tabor, umgeben von einem fünfzehn Hektar großen Parkgelände. Die schönbrunnergelben Mauern sind angenagt vom Verfall. Der gegenwärtige Besitzer ist eine uralte böhmische Aristokratenfamilie namens Mitrowicz, die das Gebäude als Fremdenpension betreibt. Vor einem Dreivierteljahrhundert hießen die Eigentümer noch Nádherný von Borutin, und sie nutzten das Schloß als Wohnung und Lebensmittelpunkt: eine wohlhabende Prager Bürgerfamilie, die das österreichische Kaiserhaus erst 1833 in den Adelsstand hob.

Die junge Baronesse Sidonie, 1885 auf Janowitz geboren, war eine hochgewachsene und allen Zeugnissen zufolge bildschöne junge Frau, »die wie eine Miniatur aussieht, welche ein Jahr vor der großen Revolution gemacht worden ist, im letzten Augenblick«. So schrieb der berühmte Lyriker Rainer Maria Rilke, nachdem er ihr begegnet war, zu Meudon-Val-Fleury im Atelier von Auguste Rodin, als dessen Sekretär Rilke damals arbeitete. Die Baronesse unternahm gemeinsam mit ihrer Mutter eine Bildungsreise nach Frankreich und besuchte dabei den berühmten Bildhauer. Von dem Dichter, der als gebürtiger Prager ihr Landsmann war, meinte sie gleich, daß sie ihn liebe. Sie lud ihn nach Janowitz ein.

Rilke erschien auch und kam noch etliche Male wieder. Er pflegte einen Adelstick; für sich selbst phantasierte er eine aristokratische Herkunft zusammen, an der nichts korrekt war bis auf einen Onkel, der, wie die Nádhernýs, eben erst geadelt worden war. Außer mit diesem Spleen war Rilke beschäftigt, zahlreichen wohlhabenden Damen nachzustellen, auf daß sie ihn seelisch und materiell verwöhnten; den Gipfelpunkt aller Glückseligkeit bedeutete es ihm, wenn solche Damen noch blaublütig waren, wie die Gräfin Mary Dobrzensky und die Fürstin Marie von Thurn und Taxis, auf deren Schloß Duino er seine berühmten Elegien verfaßte.

Oder Sidonie von Nádherný. »Glauben Sie mir«, schrieb er ihrem Bruder, »Janowitz hat eine feste Stelle in solchem Heimatgedanken, es steht mir stark in Gefühl und Angedenken, ganz stark.« Sidonie unterstützt den feinsinnigen Lyriker finanziell und setzt sich erfolgreich dafür ein, daß er vom Militärdienst freikam. Sie empfahl ihn weiter an wohlhabende Bekannte und traf ihn auch außerhalb von Janowitz. Sie war überaus feinsinnig und gebildet. Rilke war auch nicht der einzige Künstler, den sie kannte und den sie nach Janowitz holte, gelegentlicher Gast war dort zum Beispiel Adolf Loos, der geniale und reizbare Baumeister, der sich auf einen Architekturstreit mit dem Wiener Kaiser Franz Joseph einließ und als einer der Väter des modernen Bauens gilt.

Ein unbedingter Verteidiger von Loos war der österreichische Publizist Karl Kraus, Herausgeber und (Fast-)Alleinautor der Zeitschrift »Die Fackel«. Die außerordentliche Wirkung dieser dunkelroten Heftchen ist heute kaum mehr nachvollziehbar; ein wenig kann man es nachlesen in den nobelpreisgekrönten Memoiren des Schriftstellers Elias Canetti, der einen der Bände schon im Titel darauf anspielen läßt: »Fackel im Ohr«. In seinem Kampf gegen schludrigen Journalismus, gegen eine verlogene

Sexualmoral und gegen den Hurrapatriotismus des Ersten Weltkriegs wurde Kraus zu einer geistigen Größe von beträchtlicher Ausstrahlung.

Nebenher betätigte er sich noch als Vorleser. Er trug eigene Texte vor, aber auch Shakespeare, Jacques Offenbach und den Wiener Possendichter Johann Nepomuk Nestroy, dessen Wiederentdeckung wesentlich sein Verdienst ist. Außerdem schrieb er Lyrik. Sie war längst nicht so erfolgreich wie seine polemische Prosa und nicht so prominent wie die Lyrik Rainer Maria Rilkes, obschon sie sich an Sprachkraft mit dieser durchaus messen kann.

Im September 1913 lernten sich, auf Vermittlung des Grafen Max Thun, Karl Kraus und Sidonie von Nádherný kennen. Sie waren voneinander beeindruckt. Die Baronesse zählte 28 Jahre, Kraus 39. Sie hatte soeben den plötzlichen Verlust ihres Bruders Johannes erlebt, dem sie sich innig attachiert fühlte; der junge Mann starb an Herzversagen. Kraus hatte zu jener Zeit mehrere Amouren hinter sich, etwa die mit Anna Kalmar, einer hübschen jungen Schauspielerin, die bereits mit 23 Jahren starb, woraufhin er einen Nervenzusammenbruch erlitt. »Sie starb in Schönheit«, ließ er seinen Freund Peter Altenberg in der »Fackel« schreiben, »das heißt, unter der völligen Teilnahmslosigkeit der beteiligten Mörderkreise.«

Die Verbindung mit Sidonie von Nádherný brachte ihm so etwas wie eine späte Linderung seiner niemals ganz verwundenen Schmerzen um Anna Kalmar. Die behutsame Zärtlichkeit, die er der Baronesse entgegenbrachte, wie einst auch der Schauspielerin Anna Kalmar, widersprach auffällig seinem sonst vorgetragenen Sarkasmus, der ausdrücklich den Bereich des Geschlechtlichen einbegriff. »Denn die Natur hat dem Weib die Sinnlichkeit als Urquell verliehen, an dem sich der Geist des Mannes Erneuerung hole«, dekretierte er und setzte sich, ganz dem entsprechend, für den Dramatiker Frank Wedekind und dessen emphatische Hurenballade um die animalische Lulu höchst nachdrücklich ein.

Sidonie war, jedenfalls äußerlich, keine den sozialen Niederungen entstiegene Lulu. Sie war eine hochkultivierte und zurückhaltende Dame; was sie in Wahrheit empfand, vertraute sie ihrem Tagebuch an. Sie komme aus einer »Wüste«, notierte sie da, nach der ersten Begegnung mit Kraus. »Retten wollen – da wird Sünde u. Betrug zur Reinheit, Gut-sein. Beides zu vermögen, muß man weiter, weiter – oh, da gibt es keine Grenzen, kein Genügen. Rücksichten, Denken, Feinheit, Treue – werden unmenschlich – menschlich nur die Besessenheit, die Sünde. Denn ich will die echte Versuchung, will tief erschüttert werden, um zu wissen, wie ich erlöst werden kann. – Warum gibt es keinen, der all mein Schenken nehmen kann – der es begreift? Warum ist alles zu wenig!«

Dieses pathetische Gestammel ist weit entfernt von aller edlen Zurückhaltung, deren sie sich äußerlich befleißigte, dem Temperament von Wedekinds wüsten Beischläferinnen dafür einigermaßen nah. Oder den Überzeugungen von Karl Kraus. Der wird dann auch wörtlich angerufen: »K. K. steckt in meinem Blut; er macht mich leiden.« Sie steigert sich: »Er gieng mein[em] Wesen nach, wie keiner noch, er begriff, wie keiner noch. – Ich kann nichts tun, wenn ich ihn nicht vergesse.«

Sie kann ihn nicht vergessen, und auch er kann es nicht. Er schreibt ihr: »Duft und Dolch – beides zusammen gibt Ihre Erscheinung – haben Wunder gewirkt. Oder waren es Ihre Wünsche? Wie soll ich danken? Nur so, indem ich Sie bitte: *Lassen Sie sich nicht ganz mitnehmen …* Ich habe kein Briefpapier, weil ich nie Briefe schreibe. Dieses hier hat der Dolch zurechtgeschnitten. Es ist auch kein Brief, sondern nur etwas, was ich lieber nachts im Prater ins Ohr gesagt hätte, wenn ein Auge ganz woanders wäre.«

Sie notiert: »K. K. hat mir ein neues Reich eröffnet, neue

Möglichkeiten. Wie wunderbar hat er das getan.« Er schrieb ihr: »Ich werde heulen, bis ich diese Stimme gehört habe, die den Sturm überflüstert und von dem Furchtbarsten sagt: ›Das war schön –‹ Und wenn ich mich zum Opfer bringen müßte, ich will sie hören! Ich weiß nicht, was ich bis dahin thue und was dann – ich bin von Deinem Fieber geschüttelt. Liebste!«

Er reiste nach Janowitz, um sie zu sehen, und schwärmte von seinen Aufenthalten im dortigen Park, »zwischen einer fünfhundertjährigen Pappel und einer heute erblühten Glockenblume«. Oder gereimt:

> Wie wird mir zeitlos. Rückwärts hingebannt
> weil' ich und stehe fest im Wiesenplan,
> wie in dem grünen Spiegel hier der Schwan,
> und dieses war mein Land.

Er reiste von Janowitz wieder fort, um seinen Verpflichtungen zu folgen. Er verzehrte sich nach Sidonie in vielen leidenschaftlichen und zärtlichen Briefen. Manchmal verreisten sie gemeinsam. Die Existenz der schönen Baronesse untergrub allmählich Kraus' Überzeugung, ein Schriftsteller solle ungebunden bleiben, wie überhaupt Familien etwas Entsetzliches seien, entsprechend seinem berühmten Ausspruch: »Das Wort ›Familienbande‹ hat einen Beigeschmack von Wahrheit.« Schließlich trug er sich mit dem Plan, Sidonie von Nádherný zu heiraten. Die Baronesse ihrerseits war nicht abgeneigt.

Die Absichten der beiden blieben nicht verborgen, und hier trat Rainer Maria Rilke auf den Plan. Die beiden Literaten kannten einander auch persönlich, und es hatte den Anschein, daß sie sich gegenseitig respektierten. Nun aber schrieb Rilke der Baronesse einen langen Brief, in dem er sie mit ebenso vorsichtigen wie eindringlichen Worten vor der bevorstehenden Ehe mit Kraus zurückzuhalten suchte. Zwar nannte er Kraus einen »ausgezeichneten Schriftsteller«, aber er müsse ihr doch für immer fremd bleiben, da beider Leben so völlig verschieden seien, denn es gebe da »einen letzten untilgbaren Unterschied«. Was damit gemeint war, wurde von Rilke nicht mitgeteilt. Es verstand sich auch so. Karl Kraus war Jude.

Er war das Kind eines wohlhabenden Papierfabrikanten aus dem böhmischen Gitschin; sein extravagantes Unternehmen »Die Fackel« konnte er beginnen, da er ein reiches Erbe zu verzehren hatte. Im damaligen deutschen Sprachraum war Österreich die Landschaft mit den stärksten antisemitischen Vorbehalten, wovon auch die Betroffenen selbst ergriffen wurden; Kraus selbst haderte mit seiner jüdischen Herkunft, er ließ sich taufen, ganz ähnlich wie es einst Heinrich Heine getan hatte, was Kraus nicht davon abhielt, über Heine einen ebenso glanzvollen wie in Teilen unverhüllt antisemitischen Aufsatz zu verfassen. Der Briefschreiber Rainer Maria Rilke zielte mit seinen Warnungen auf einen sehr wunden Punkt, und er traf.

Die Ehe zwischen Sidonie und Kraus kam nicht zustande. Eine Weile haderte die Baronesse noch mit sich und ihren Absichten, was dann selbst Bekannten auffiel, die ihr rieten, mit Kraus nicht gar zu harsch umzugehen. »Shall I marry?« notiert sie, nunmehr englisch, in ihr Tagebuch, und ein andermal: »I want freedom, solitude or *new* people.« Da ist Kraus gerade wieder auf Janowitz zu Gast und sitzt über Versen wie diesen:

Hab' ich dein Ohr nur, find ich schon mein Wort:
wie sollte mir's dann an Gedanken fehlen?
Von zwei einander zugewandten Seelen
ist meine flüchtig, deine ist der Hort.

Sie heiratete schließlich, und zwar jenen Grafen Max Thun, dem sie die Bekanntschaft mit Kraus verdankte. Die Ehe war nicht glücklich und zerbrach schon nach wenigen Wochen. Kraus brach mit ihr und söhnte sich wieder mit ihr aus, »he is my best, my truest friend«, notiert das Tagebuch. Neuerlich unternahmen sie gemeinsame Reisen, sogar die alten Hochzeitsabsichten kommen wieder auf, aber dann schreibt sie: »With K. K. I broke, I found out, that even he is a small bad character ...«

Sie brach dann doch nicht ganz. Sie zog sich auf Schloß Janowitz zurück zusammen mit mehreren Hunden, geriet in finanzielle Schwierigkeiten und mußte eine hohe Hypothek aufnehmen. Karl Kraus, nun wieder »the true friend«, erschien neuerlich zu Besuch; eine gelegentliche Auslandsreise wird ihr von ihm finanziert.

Im Juni 1936 starb Karl Kraus, es war »sein Tod, der mein Leben abschloß«, wie sie in einem Briefe schreibt. Sie erlebte den Krieg in Böhmen und floh erst vor dem Zugriff der tschechischen Kommunisten, im Jahre 1949. Sie floh über Bayern nach England, wo sie ein Jahr später starb.

Nicht lange vor ihrem Tode hatte sie sich erstmals offen über ihre Beziehungen zu Kraus und Rilke geäußert. Von Rilke sagte sie, daß sie ihn als Mensch, nicht aber als Dichter geschätzt habe. Vermutlich wäre besser gewesen, sie hätte es umgekehrt gehalten.

Zittern wie unter der Sturmglocke

Franz Kafka und Milena Jesenská

Das 19. Jahrhundert wurde, neben vielem anderen, das Zeitalter der weiblichen Emanzipation. Sie ist ein durchaus bürgerliches Phänomen; beginnend mit der französischen Revolution, führte sie über die Sufragettenbewegung in England bis zu jenen Frauen zumeist bourgeoiser Herkunft, die sich mit ihrer antrainierten Rolle als Erfüllungsgehilfinnen einer patriarchalischen Konvention nicht länger abfinden mochten. Sie studierten und wählten sich Berufe, um ihre Unabhängigkeit im Ökonomischen vorzutragen; sie lebten eine weitgehende Freiheit und Freizügigkeit hinsichtlich ihrer sexuellen Bedürfnisse und Bindungen.

Es gab sie überall, in Frankreich, in Großbritannien und in Deutschland. Es gab sie ebenso im alten Österreich-Ungarn, der rückständigen und mürben Doppelmonarchie. Böhmen war bis zum Jahre 1918 ihr Teil. Die Niederlage der Entente im Ersten Weltkrieg und das Aufbegehren der nationalbewußten Tschechen erbrachten schließlich die erste Tschechoslowakische Republik unter der Präsidentschaft des bedeutenden Thomas Masaryk.

Ein energischer tschechischer Nationalist war der Mediziner Jan Jesenský, Kieferchirurg und Ordinarius an der Technischen Universität in Prag. Er stammte aus der Familie eines jener böhmischen Aristokraten, die zu Beginn des Dreißigjährigen Krieges auf dem Altstädter Ring zu Prag von den Österreichern hingemetzelt worden waren. Jesenský hatte eine Tochter, Milena, die demonstrativ ein humanistisches Gymnasium in Prag besuchen durfte; es trug den Namen der etruskischen Göttin Minerva, die zuständig war für die Ärzte wie für die Künstler. Die Minerva-Absolventinnen waren berühmt für ihr unkonventionelles Benehmen, in ihnen verband sich aufs innigste die weibliche mit der nationalen Emanzipation.

Milena Jesenká und ihre Freundinnen fielen auf durch ihre weit geschnittenen Gewänder. Sie durchschwammen in voller Garderobe und vor Publikum die Moldau. Sie waren der Mittelpunkt bei freizügigen Atelierfesten. Milena interessierte sich für die schöne Literatur und begann selber zu schreiben. Sie verliebte sich in einen älteren Mann namens Ernst Polak, ein etwas verbummeltes Literaturgenie von jüdischer Herkunft. Jan Jesenský war, wie viele jungtschechische Nationalisten, ein bekennender Antisemit, und die Bindung seiner Tochter mißfiel ihm sehr. Als sie Ernst Polak heiraten wollte, ließ er sie kurzerhand in ein Irrenhaus einsperren, aus dem sie aber rasch entwich, um zu ehelichen und anschließend nach Wien zu ziehen.

Die Verbindung mit Polak war nicht sehr glücklich und würde bald zerbrechen. Milena fuhr in ihren journalistischen und literarischen Versuchen fort. Zu Beginn der zwanziger Jahre war sie dabei, die deutschen Prosatexte eines Prager Autors ins Tschechische zu übertragen, der Name des Mannes lautete Franz Kafka.

Er war damals bloß einem relativ kleinen Kreis literarisch Interessierter bekannt. Der ungeheure Ruhm, der ihm heute anhängt, wuchs erst nach seinem Tode. Er stammte aus einer jüdischen Kaufmannsfamilie, hatte die Rechte studiert und anschließend als Jurist bei zwei großen Versicherungsanstalten gearbeitet; abgesehen von ein paar eher zufälligen Reisen hatte er seine Geburtsstadt Prag niemals verlassen, obschon er das ständig wollte oder ständig zu wollen vorgab, wobei er zugleich wußte, daß dieses scheinbar so sanfte Mütterchen Prag (seine eigenen Worte) gefährliche Krallen trug.

Er war überhaupt ein entscheidungsschwacher Mensch, kontaktarm, voller Komplexe und Selbstzweifel, das Schlüsselwort seiner Existenz wie auch seines literarischen Werkes lautete: Angst. Seine Geschichten und Romane lesen sich wie düstere Gleichnisse auf sämtliche Aporien und Grausamkeiten unseres Zeitalters, notiert in einer Sprache, deren sprödes Ebenmaß viele an die Prosa Heinrich von Kleists erinnert.

Eingesperrt in die stockbürgerlichen Lebensformen seiner Familie, unter denen er ebenso litt, wie er sich ihnen selbstverständlich unterwarf, hatte er seine häufigsten erotischen Erfahrungen auf der Dienstboten- und Freudenhausebene gemacht, was ihm ein beträchtliches Sündenbewußtsein bescherte. Dreimal hatte er sich verlobt, darunter zweimal mit derselben Frau, alle diese Bindungen hatte er wieder aufgekündigt. Er sehnte sich innig nach verläßlicher menschlicher Nähe und empfand zugleich eine panische Furcht davor. Mit der Freundin einer seiner Verlobten hatte er heimlich ein Verhältnis, aus dem auch ein Kind hervorging, wovon er freilich nichts wußte.

Seit 1917 litt er an der Lungenschwindsucht. Er unterzog sich verschiedenen medizinischen Behandlungen, fuhr aufs Land und begab sich in etliche Sanatorien. 1920 hielt er sich zur Kur auf in Untermais, einem Ortsteil von Meran in Südtirol.

Dort setzte er eine bereits in Prag begonnene Korrespondenz mit Milena Jesenská fort, in der es zunächst um Editionsprobleme ging. Sie kannten einander auch persönlich, wiewohl bloß flüchtig. »Es fällt mir ein, daß ich mich an Ihr Gesicht eigentlich in keiner bestimmten Einzelheit erinnern kann. Nur wie Sie dann zwischen den Kaffeehaustischen weggingen, Ihre Gestalt, Ihr Kleid, das sehe ich noch.«

Die Korrespondenz weitet sich aus. Kafka war immer

ein besessener Briefschreiber, der sich endlos ausbreiten konnte; jetzt erzählt er, wie er von Milena träume, um dann wieder zu notieren, »wie hätte ich schlafen können, da ich, zu leicht für Schlaf, Sie immerfort umflogen habe«. Milena bittet ihn, auf seiner Rückkehr von Meran über Wien zu fahren und sie zu sehen. Er willigt ein.

Es wird eine überwältigende Begegnung, für beide. »Ich habe seine Angst eher gekannt, als ich ihn gekannt habe«, wird Milena später sagen. »In den vier Tagen, in denen er neben mir war, hat er sie verloren. Wie haben über sie gelacht... Es war nicht die geringste Anstrengung nötig, alles war einfach und klar.«

Danach fährt Kafka zurück nach Prag. Er nimmt die Erinnerung mit an »eine Frau, die man auf Armen trägt aus der Welt, aus dem Feuer, ich weiß nicht, und sie drückt sich willig und vertrauend dir in die Arme«. Er gesteht ihr: »... dann, Milena, fange ich tatsächlich zu zittern an wie unter der Sturmglocke«.

Die Beziehung verlagert sich zurück in die Korrespondenz. Sie treffen sich erneut, in Gmünd, das ist die österreichische Station an der Grenze zur Tschechoslowakei. Sie kommen noch ein paarmal zusammen, dann endet ihre Beziehung. Die letzten Briefe Kafkas heben an mit »Liebe Frau Milena«, die Anrede wird wieder »Sie«.

Also bloß eine sporadische Affäre und eine eher flüchtige Liebschaft? Die Wahrheit ist anders, und jedenfalls ist sie komplizierter.

Gleich bei der ersten intimen Begegnung, in Wien, hatte Kafka den dringenden Wunsch geäußert, Milena möge ihn nach Prag begleiten. Sie lehnte ab. Später sagte sie: »Wäre ich damals mit ihm nach Prag gefahren, so wäre ich ihm die geblieben, die ich ihm war.« Sie fügte hinzu: »Ich war zu schwach, als daß ich das hätte tun und erfüllen können, wovon ich gewußt habe, daß es einzig und allein ihm geholfen hätte. Es *ist* dies meine Schuld.«

Der äußere Anlaß für ihre Weigerung war die Tatsache ihrer noch bestehenden Ehe. Die existierte freilich nur mehr formell, was Kafka wußte. Er selbst fühlte erstmals das Bedürfnis, sich vorbehaltlos einer Frau auszuliefern; ausgerechnet da wurde er zurückgewiesen. Es hat ihn tief verletzt. Es bestätigte ihn in seiner Überzeugung, bloß disponiert zu sein zu Mißerfolgen, zum Unglück und zum Scheitern.

Der Prager Literat Willy Haas nannte Milena »bedenkenlos in der Wahl ihrer Mittel, wenn es sich um eine Forderung der Leidenschaft handelte«. Milenas spätere Freundin Margarete Buber-Neumann sagte: »Für sie bedeutete Liebe das einzig wirklich große Leben ... Sie hatte keine Scheu und hielt es nicht für eine Schande, intensiv zu empfinden. Liebe war für sie etwas Klares, Selbstverständliches ...«

Wieso also kam sie dem Wunsche Kafkas nicht nach?

Vielleicht, weil es eine Geste der Unterwerfung bedeutet hätte, die ihrem feministischen Stolz widersprach. Vielleicht, weil sie ihrerseits Angst hatte vor einer allzu engen Bindung an diesen hochkomplizierten, mit ständiger Selbstzerfleischung befaßten Menschen. Hinzu kam, daß er sie auch immer wieder vor sich warnte: wegen seiner psychischen Beschaffenheit, wegen seiner jüdischen Herkunft, wegen seiner Krankheit; immerhin geschah, daß sie prompt anfing, Blut zu spucken, als sie ihn kannte, worüber er zu Tode erschrak.

So kam es, daß auch diese große erotische Leidenschaft des Dichters Franz Kafka nur wieder zu dem wurde, worauf alles in seinem Leben hinlief, zu Literatur. Seine Briefe an Milena (die ihren gingen verloren) dürfen den gleichen außerordentlichen Rang beanspruchen wie seine erzählende Prosa.

Er selbst hatte nach dem Ende dieser Beziehung nur noch kurze Zeit zu leben. Er starb 1924 an der Tuberkulose.

Milena Jesenská wurde zu einer bedeutenden Publizistin in der ersten Tschechoslowakischen Republik; man sagte ihr ein Verhältnis nach mit dem böhmischen Kommunistenführer Klement Gottwald. Gestorben ist sie 1944, als Häftling des deutschen Konzentrationslagers Ravensbrück.

So leichtfüßig war sein Gang

Klaus Mann und Gustaf Gründgens

Er stammte aus einer Familie, in der es außer ihm noch fünf andere Buchverfasser gab, darunter zwei hochberühmte. Einer davon war sein Vater. Er selbst schrieb seine besten Arbeiten außerhalb Deutschlands und zu einer Zeit, da man sie in Deutschland nicht lesen konnte. Als letzteres wieder möglich war, erschienen sie bei sieben verschiedenen Verlagen aus insgesamt vier Ländern.

»Die ganze Welt kennt Klaus Mann, den Sohn von Thomas Mann. Wer ist übrigens Thomas Mann.« So in den zwanziger Jahren Bertolt Brecht, der, wie Klaus Mann anmerkt, »weder meinen Vater noch mich ausstehen konnte«. Lange galt Brechts Satz bloß noch in der Umkehrung und sagte dann keine Invektive mehr aus, sondern die blanke Tatsächlichkeit.

Klaus Mann war unter den sechs Thomas-Mann-Kindern das sensitivste, wahrscheinlich das genialischste, ganz sicher das gefährdetste. Als einziger unter seinen Geschwistern ging er das Risiko ein, haargenau den Beruf des Vaters zu wollen und zu haben. Das provozierte wie von selbst den Vergleich. Solange der Ruhm des Vaters einhellig und fast sakrosankt war, und das galt jedenfalls für die gesamte Zeit von Klaus Manns eigenem Leben, entschied der Vergleich zwangsläufig zu Klaus Manns Ungunsten.

Er erwies sich als ein Autor von beträchtlicher Produktivität. Es gibt knapp zwei Dutzend Bücher, die er verfaßt oder mitverfaßt hat. Manches war ungenießbar schon zu der Zeit, da es geschrieben wurde. Er sagte: »Mein Olymp ist voll Kranken und Sündern.« Er dichtete: »Es lebe, es lebe die Décadence, die Décadence ist nett.« Er bekannte sich literarisch-öffentlich zu seiner homoerotischen Veranlagung mit einer Drastik, daß, wäre das literarische Gedächtnis nicht so entsetzlich kurz, kaum einer von Jean Genets und Hubert Fichtes poetischer Erstmaligkeit später guten Gewissens hätte reden dürfen.

Er schrieb eine Biographie über André Gide, dem er, mehr als es seinem Talente guttun konnte, literarisch verfallen war. Er schrieb den Roman »Symphonie Pathétique«, ein höchst diszipliniertes und überaus lesenswertes Buch, er schrieb es in der Emigration, und obschon die Handlung 19. Jahrhundert und russischen Kulturbetrieb evoziert, handelt es sich um ein entschieden gegenwartspolitisch gemeintes Buch.

Held von »Symphonie Pathétique« ist der Komponist Peter Iljitsch Tschaikowski, der homosexuell war; das melancholische Pathos seiner Musik ist nicht, wie häufig angenommen, einer slawischen Grundstimmung zu danken, sondern einer durchaus existentiellen Verzweiflung betreffend die eigene Disposition. Klaus Mann führt Tschaikowskis Biographie genauestens vor. Er erzählt die aufreizende Begegnung mit einem französischen Strichjungen ebenso wie die zärtliche Sympathie für den jugendlichen Neffen Wladimir, der Verfasser ist erkennbar mehr an der Psyche seines Helden interessiert als an dessen Musik. Bei der hier vorgeführten Form des Eros aber waren ihm neben den persönlichen noch direkt politische Motive maßgeblich.

Am 30. Juni 1934 erfolgte in Deutschland der sogenannte Röhm-Putsch. Adolf Hitler ließ seinen alten Kampfgefährten, den Anführer der Bürgerkriegstruppe SA, sowie dessen engste Mitarbeiter verhaften und erschießen; angeblich hatten sie gegen Hitler putschen wollen. Ernst Röhm wie auch viele seiner politischen Freunde waren homosexuell. Mit ihrem Sturz gab Hitler ein Signal zu einer verschärften Strafverfolgung der gleichgeschlechtlichen Liebe unter Männern. Eine voreilige und nicht sonderlich intelligente Reaktion im Ausland aber bestand darin, Homosexualität und Faschismus gleichzusetzen.

»Man ist im Begriff, aus ›dem Homosexuellen‹ den Sündenbock zu machen – etwa ›den Juden‹ der Antifascisten. Das ist abscheulich. Mit ein paar Banditen wie Röhm die erotische Veranlagung gemeinsam zu haben, macht noch nicht zum Banditen«, sagt Klaus Mann. Nun hatte es in seiner allernächsten Bekanntschaft jemanden gegeben, auf den das hier attackierte Vorurteil betreffend Homosexualität anwendbar gewesen wäre. Sein Name lautete Gustaf Gründgens.

Der im Jahre 1899 geborene Rheinländer stammte aus etwas derangierten bürgerlichen Verhältnissen. Er hatte, nach Schulbesuch und Kriegsteilnahme, eine Schauspielausbildung durchlaufen, trat Engagements in kleinen Provinzbühnen an und gehörte schließlich zum Ensemble der Hamburger Kammerspiele, einer durch seinen Intendanten Erich Ziegel über die lokalen Grenzen hinaus weit bekannten Schauspielbühne. Hier avancierte er bald zum vielbeschäftigten Darsteller und Regisseur und zum unumstrittenen Liebling des hanseatischen Publikums.

Dem Ensemble gehörte auch Erika an, älteste Tochter des soeben mit dem Literatur-Nobelpreis ausgezeichneten Thomas Mann, »die kein schönes, aber ein ungemein anziehendes Wesen war«, wie Gründgens-Biograph Curt Riess notiert, »Erika glaubte Schauspielerin zu sein – später sollte sie glauben, noch dies und das zu sein –, jedenfalls wurde sie bei Ziegel engagiert«.

In Erikas Begleitung befand sich der nur ein Jahr jüngere Bruder Klaus. 1906 geboren, war er ein aufsässiges und hoch gefährdetes Kind gewesen, hatte zwei Internatsschulen für Sprößlinge aus feinen Familien durchlaufen und hatte sich, kaum erwachsen, genußvoll in die Boheme geworfen, zuerst jene von München, später die in Berlin. Er war vorübergehend Theaterkritiker bei einem Boulevardblatt gewesen und schrieb dann ein Schauspiel, »Anja und Esther«. Die schwüle Pubertätsgeschichte sollte gleichzeitig in München und in Hamburg uraufgeführt werden.

Natürlich war der berühmte Familienname, den er trug, auch seiner Karriere behilflich; die morbiden Stimmungen seiner Texte sorgten zusätzlich für Sensation. Bei der Hamburger Inszenierung von »Anja und Esther« wollte er außerdem selber als Darsteller mitwirken, so wie seine Schwester Erika. An der Inszenierung waren noch zwei weitere Prominentenkinder beteiligt: Thea Sternheim, Tochter des expressionistischen Dramatikers und verantwortlich für das Bühnenbild, sowie Pamela Wedekind, Kind des berüchtigten »Lulu«-Autors, die eine der beiden Titelrollen gab. Ort der Aufführung waren die Hamburger Kammerspiele, vierter Mitspieler und Regisseur des Stückes aber war Gustaf Gründgens.

Klaus Mann: »Er glitzerte und sprühte vor Talent ... Ganz Hamburg stand unter seinem Zauber. Welche Verwandlungsfähigkeit! Welche Virtuosität der Dialogführung, der Mimik, der Gebärde! Sein Repertoire umfaßte alle Typen und Altersstufen. Derselbe Schauspieler, der gestern noch den tragischen Advokaten in Strindbergs ›Traumspiel‹ aufs schaurig-eindrucksvollste verkörpert hatte, war heute ganz Anmut und lächelnde Sinnlichkeit in Schnitzlers ›Anatol‹, um am nächsten Abend in einer klassischen Rolle – etwa als Marquis Posa – mit edel-feurigem Anstand vor das entzückte Publikum hinzutreten. So begabt ..., daß er auf der Bühne gertenhaft schlank aussehen konnte, obwohl er in Wirklichkeit schon als junger Mensch eher zum schwammig-weichen Fettansatz neigte.« Weiter: »Der geschmeidige Wuchs, den er als Aiglon oder als Hamlet zeigte, war einfach das Produkt suggestiver Verstellungskunst, ein Triumph des Willens über die Materie.«

Klaus Mann verfiel ihm. Seine Schwärmerei hallt noch nach in den zwei Jahrzehnte später notierten Erinnerungen:

»Die erste Begegnung mit Gustaf bleibt mir unvergeßlich. Mit dem Elan eines neurotischen Hermes drang er in unser Hotelzimmer ein. So leichtfüßig war sein Gang, daß man nicht umhin konnte, seine etwas abgetragenen, aber doch irgendwie sehr schicken Sandalen mit mißtrauischem Blick zu streifen. Er war schön, die gerade, etwas zu fleischige Nase, die stolzen Lippen, das markante Kinn: alles war von kräftiger und reiner Bildung. Die leichte Verzerrtheit seiner Miene war wohl auf das Monokel zurückzuführen, welches er wegen starker Kurzsichtigkeit trug. Zu einer Brille mochte sich seine Eitelkeit nicht bequemen. Er litt an seiner Eitelkeit wie an einer Wunde. Es war diese fieberhafte, passionierte Gefallsucht, die seinem Wesen den Schwung, den Auftrieb gab, an der er sich aber auch buchstäblich zu verzehren schien.«

Das retrospektive Entzücken nimmt kein Ende. Klaus Mann rühmt die »kalten, traurigen Juwelenaugen wie die eines sehr seltenen, sehr kostbaren, vielleicht verzauberten Fisches«. Dann: »Ich sehe mich noch mit Gustaf hinter den Kulissen stehen, gespannt, gleichsam sprungbereit … Er hatte den Arm um meine Schultern gelegt.« Dann: »Liebe ist fast immer einseitig. Man liebt, was dem eigenen Wesen fremd und entgegengesetzt ist. Liebe ist Wagnis, Gefahr. Die sexuelle Fixierung, die Sucht nach einem bestimmten menschlichen Körper, einem bestimmten Mund, einer bestimmten Umarmung bereitet Schmerz.«

Es gibt auch ein Zeugnis von Gustaf Gründgens aus jenen Jahren, ein Gedicht; um große Literatur handelt es sich kaum, doch der Inhalt ist recht aussagekräftig:

Wie eine Glocke
Schwebt deine Liebe über mir.
Sie lastet nicht,
sie ist nur da.
Nur dann, wenn man ihr weht tut,
klingt sie leise
wie zerspringendes Glas.
O du Kling-Fessel,
ich erschaure unter dir
Wie ein Blatt im Frühlingswind.

Der Darsteller mit dem aasigen Lächeln und der zynischen Ausstrahlung konnte zärtliche Gefühle formulieren, in Worten, die halb Expressionismus waren und halb Kitsch. Der Mischung entsprach exakt jener von Klaus Manns Bühnentext.

Die Reaktionen der Presse auf die Aufführung gerieten übrigens katastrophal, doch der Publikumserfolg war erheblich, die Beteiligten konnten zufrieden sein. Klaus Mann nahm es zum Anlaß, ein zweites Unternehmen solcher Art zu betreiben, »Revue zu vieren«, auch hier wieder stammte der Text von ihm, auch hier wieder waren neben Gustaf Gründgens die vier Prominentenkinder beteiligt. Abermals fiel das öffentliche Echo verheerend aus. Von »ästhetischer Inzucht« sprach eine Zeitung und befahl dem jugendlicher Verfasser: »Raus aus der Literatur!«

Dessenungeachtet begab sich die Truppe auf eine schon zuvor vereinbarte Tournee. Gustaf Gründgens allerdings scherte bald aus, seine Rolle mußte umbesetzt werden; er schützte als Grund seine Verpflichtungen bei den Kammerspielen vor, doch die Wahrheit war wohl, daß er befürchtete, mit einer weiteren Teilnahme könne er sich selbst und seinen Ruf beschädigen. »Manchmal waren unsere Vorstellungen eher ein Kampf mit dem Publikum als eine zivilisierte Lustbarkeit«, sagte Klaus Mann hinterher. »Klaus hatte da etwas heruntergeschmiert, was kaum spielbar war«, sagte Pamela Wedekind, was sie doch nicht davon abhielt, die Sache zu inszenieren.

Klaus Mann aber war gekränkt. »Homosexualität ist eine Liebe wie eine andere auch, nicht besser, nicht schlechter: mit ebenso viel Möglichkeiten zum Großartigen, Rührenden, Melancholischen, Grotesken, Schönen oder Trivialen wie die Liebe zwischen Mann und Frau.« Er liebte Gustaf Gründgens und sah sich nun von ihm verschmäht, sein künstlerischer Ehrgeiz und seine erotische Hingabe hatten sich unentwirrbar verquickt. Es kam zu einer Krise ihrer Beziehung.

Da hatte Gründgens noch den Einfall, mit Klaus' Schwester Erika eine (nicht sehr haltbare) Ehe einzugehen; er gedachte wohl auf diese Weise an der beträchtlichen Prominenz der Mann-Familie zu partizipieren. Dies bedeutete für Klaus Mann dann den endgültigen Bruch. Ihm war fortan Gründgens nur mehr der »brillante, zynisch rücksichtslose Karrieremacher«. Der junge Schriftsteller wandte sich erbittert ab und hielt sich fortan immer häufiger in Paris auf, wo er in den homosexuellen Kreisen um Jean Cocteau und André Gide verkehrte und in dem surrealistischen Dichter René Crevel seine nächste große Liebe fand.

Hitler kam an die Macht. Für die Manns war in Deutschland kein Platz mehr. Gustaf Gründgens dagegen erregte das Wohlwollen des kunstsinnigen Obernazis Hermann Göring, wurde Intendant des Berliner Schauspielhauses und trug den Titel eines Staatsrats. Klaus Mann sah es mit Erbitterung: »... nun zechte, spielte, diskutierte er mit den Mördern.«

Er setzte sich hin und schrieb einen Roman, Hermann Kesten, Lektor beim Amsterdamer Querido Verlag, der seine Bücher nunmehr publizierte, hatte ihm die erste Anregung geliefert: Er solle den Roman eines homosexuellen Karrieristen im Dritten Reich schreiben. Etwa über die Figur des Staatstheaterintendanten Gründgens. »Gesellschaftssatire. Satire auf gewisse homosexuelle Figuren, Satire auf den Streber, auf – vielleicht – viele Arten Streber.«

Es wurde der Roman »Mephisto« daraus. Was die Homosexualität betrifft, mochte Klaus Mann, aus guten persönlichen Gründen, dem durch Ernst Röhm genährten Vorurteil keine neuen Argumente nachschieben. Sein Protagonist hält es deswegen mit einer anderen sexuellen Eigentümlichkeit, nämlich der Triebabfuhr durch die Peitsche: Er ist ein Masochist, welcher Umstand sich auch gleichnishaft ausbeuten läßt. Klaus Mann:

»Der ruchlos brillante, zynisch rücksichtslose Karrieremacher, der im Mittelpunkt meiner Satire steht, mag gewisse Züge von einem gewissen Schauspieler haben, den es wirklich gegeben hat und, wie man mir versichert, wirklich immer noch gibt. Ist der Staatsrat und Intendant Hendrik Höfgen, dessen Roman ich schrieb, ein Portrait des Staatsrats und Intendanten Gustaf Gründgens, mit dem ich als junger Mensch gut bekannt war? Doch nicht ganz. Höfgen unterscheidet sich in mancher Hinsicht von meinem früheren Schwager … Es geht in diesem zeitkritischen Versuch überhaupt nicht um den Einzelfall, sondern um den Typ. Als Exempel hätte mir genau so gut ein anderer dienen können.«

Gleichwohl wurde das Buch lange Zeit, und nicht zu Unrecht, bloß auf Gustaf Gründgens bezogen. Das galt für das Publikum des deutschen Exils in den dreißiger Jahren, es galt auch für das deutsche Publikum nach dem Kriege, da Gründgens noch lebte und eine bedeutende theaterästhetische Größe war. Als ein eher unappetitlicher Schlüsselroman war er im kulturkritischen Bewußtsein der Deutschen damit abgetan.

Dabei ist das Buch gut geschrieben. Niemals schrieb Klaus Mann besser. Der realen Person Gustaf Gründgens indessen wird es kaum gerecht. Dessen Haltung während der Hitlerei mochte äußerlich irritieren, doch sein Theater blieb ein Ort kleiner Freiheiten, und eine nicht unbeträchtliche Anzahl von bedrohten Bühnenkünstlern verdankten ihm ihr Überleben: politisch Mißliebige, Juden und auch Homosexuelle.

Bald nach dem Kriegsende kehrte Klaus Mann, in US-amerikanischer Militäruniform, in sein Geburtsland zurück. Er setzte sich in die erste Nachkriegspremiere seines Ex-Schwagers Gustaf Gründgens und erlebte, wie das Berliner Publikum enthusiastisch applaudierte. Gründgens war und blieb »der unverwüstliche Liebling von Vor-Nazi-, Nazi- und Nach-Nazi-Berlin«. Mephisto zeigte sich mächtiger als Mephistos Chronist. Zu einer direkten Begegnung, gar einem persönlichen Gespräch der einstigen Freunde kam es nicht.

»Man huldigt nicht diesem Eros«, sagte einmal Klaus Mann, »ohne zum Fremden zu werden in unserer Gesellschaft; man verschreibt sich nicht dieser Liebe, ohne eine tödliche Wunde davonzutragen.«

Er starb am 21. Mai 1949 im südfranzösischen Cannes von eigener Hand. Mehr als vierzehn Jahre danach starb Gustaf Gründgens, in Manila, und einiges spricht dafür, daß auch er sich das Leben nahm.

Das Puma, die Motten, das Licht

Erich Maria Remarque und Marlene Dietrich

Im September des Jahres 1937 sitzt, im Restaurant des vornehmen Hotels Lancaster am Lido von Venedig, die deutsche Filmschauspielerin Marlene Dietrich beim Mittagessen. Sie sitzt zusammen mit ihrem bevorzugten Regisseur, Joseph von Sternberg. Plötzlich steht ein Mann neben ihr, verbeugt sich und stellt sich vor. Er sei der Schriftsteller Erich Maria Remarque.

Dabei sind sie einander schon einmal begegnet, 1930, in Berlin, die Dietrich hat es wohl vergessen. Sie hatte in jenem Jahr mit der Hauptrolle in dem Tonfilm »Der blaue Engel« ihren künstlerischen Durchbruch erlebt; das Lied, das sie dabei sang, lautete in einer entscheidenden Textzeile (deren Deutsch nicht ganz einwandfrei ist): »Männer umschwirrn mich wie Motten um das Licht.« Es sollte dies zu ihrer Lebenswirklichkeit werden, und sie genoß es sehr.

Erich Maria Remarque, der eigentlich Erich Paul Remark hieß, hatte nach einer eher glanzlosen Karriere als Hilfslehrer, Grabsteinverkäufer und Sportjournalist im Jahre 1929 »Im Westen nichts Neues« veröffentlicht. Das Buch wurde ein sensationeller Erfolg und der verkaufsstärkste deutsche Romantitel, der jemals erschien; über Nacht war sein Verfasser ein schwerreicher Mann. Aus kleinbürgerlichen Verhältnissen stammend, sein Vater war ein Buchdruckermeister im westfälischen Osnabrück, sah er sich plötzlich in jene gesellschaftlichen Kreise gehoben, wo das große Geld herrschte und jene mondänen Leute verkehrten, über die man in den illustrierten Zeitschriften las.

Er galt als ein gutaussehender Mann. Seine Stimme war tief, sein Benehmen vorbildlich. Er trug erstklassige Anzüge und zeitweise ein Monokel. Er besaß eine Villa im Tessin, er sammelte Teppiche und moderne Kunst. Er war ein *homme à femme* und hatte zahlreiche Liebschaften, darunter ein paar außerordentliche wie die mit der als unnahbar verschrienen Filmdiva Greta Garbo. Er war ein paarmal verheiratet, trank entschieden zuviel, verlor gelegentlich beim Glücksspiel und litt zwischendurch an Depressionen.

Die rührten unter anderem daher, daß er seiner literarischen Begabung immer wieder mißtraute, und dies durchaus zu Recht. Der Welterfolg von »Im Westen nichts Neues« war zwar völlig verdient, aber verdankte sich, im Ästhetischen, einem schmucklosen Realismus, der dem Gegenstande völlig angemessen war, sich aber nicht beliebig wiederholen ließ. Seine späteren Erzählbücher wurden dann zu Beispielen eines gehobenen Entertainment, ehrgeizig im Anspruch, kolportagehaft in der Machart und gelegentlich nahe am Kitsch. Er war kein wirklich guter Autor, wie die Dietrich keine wirklich gute Schauspielerin war.

Sie hatte bloß drei oder vier Haltungen und verließ sich im übrigen auf die Wirkung ihrer hochversicherten Beine, ihrer rauchigen Stimme, ihres geheimnisvoll-sinnlichen Gesichtes mit den Katzenaugen und den hohen Wangenknochen. Sie war ein Weltstar, wohl der einzige, den Deutschland je hervorbrachte; in ihren Filmen wirkte sie freilich immer wie eine Ikone ihrer selbst, nicht einmal der große Ernst Lubitsch konnte sie zu einer sprühenden Komödiantin veredeln. Keiner der zahlreichen Filme, in denen sie mitwirkte, hat Filmgeschichte gemacht, bis auf den »Blauen Engel«, dessen Hauptrolle ihr ansaß wie maßgeschneidert: dank Joseph von Sternberg, dem Regisseur, mit dem sie auch ein Verhältnis hatte.

Insofern waren Marlene Dietrich und Erich Maria Remarque sozusagen füreinander bestimmt. Das wurde gleich offenbar, als der Schriftsteller vor ihrem Tisch im Hotel Lancaster stand. »Er zückte sein goldenes Feuerzeug, sie hielt ihre blassen Hände schützend um seine braungebrannte Hand, nahm einen tiefen Zug von ihrer Zigarette und schob mit ihrer Zungenspitze einen Tabakkrümel von der Unterlippe ... Von Sternberg, das Kameragenie, entfernte sich leise. Er erkannte eine Liebesszene auf den ersten Blick.« So Marlenes Tochter Maria. Die Schilderung hat einen zarten Beigeschmack von Illustriertenroman, und auf dieser Ebene setzte es sich fort.

Zunächst einigermaßen unbeschwert. Die Dietrich bewunderte ihre neue Eroberung, sie schmiegte sich an Remarque und trank mit ihm große Mengen Champagners. Dann brachen sie alle auf, nach Paris: Remarque, die Dietrich und ihr Clan, das waren Tochter Maria und Ehemann Rudolf Sieber samt russischer Geliebter. Maria mochte den neuen Begleiter ihrer Mama. »Er hatte das Aussehen eines charmanten Fuchses, wie auf einer Illustration der Fabeln von La Fontaine, sogar seine Ohren waren leicht gespitzt.«

Sie reisten in den französischen Süden, nach Antibes. Remarque notierte: »Einen Tag unten am Wasser nachts. Himmlisches Gesicht. Eile, heraus zu kommen. Schwärmerische Nacht. Aber sonst, – eher dem Ende zu. Viele kleine Anzeichen. Bei mir, bei ihr. Empfindlichkeit, Spott, Gereiztheit.« Unter seinen Augen begann dann Marlene eine leidenschaftliche Affäre mit einer Frau, ihr Name war Jo Carstair.

Die Dietrich hatte auch in der Folgezeit zahllose Liebschaften, die »Männa« (wie sie berlinisch zu singen pflegt) waren teilweise sehr berühmt, wie Jean Gabin, Yul Brynner, Maurice Chevalier, Michael Wilding, James Stewart, Gary Cooper, Kirk Douglas, Frank Sinatra, John Wayne und Joe Kennedy, Vater von JFK, dem späteren Präsidenten. Ebenso hatte sie weitere Liebhaberinnen, wie Edith Piaf und Gertrude Stein. Sie lebte unbekümmert ihren Neigungen und Launen, wobei sie ihren angetrauten Ehemann und ihre Tochter auch weiterhin mit sich führte und nun also außerdem den deutschen Erfolgsschriftsteller Erich Maria Remarque.

Für ihn wurde es zu einem zermürbenden *amour fou.* Sein Biograph Wilhelm von Sternburg sieht ihn erfaßt von einer »Leidenschaft, bei der er oft eine wenig schmeichelhafte Rolle spielt«. Er will von ihr fort und bleibt ihr verfallen. »Ich lache u. mein Leben geht vielleicht kaputt«, schreibt er in sein Tagebuch. »Hatte Herzklopfen. Schweiß. War wirklich angeschlagen.« Er streitet sich mit ihr bis aufs Blut. Sie versöhnen sich und streiten erneut. Sie trennen sich. Sie kommen wieder zusammen. Er versucht sich mit Alkohol zu betäuben. Die Bindung an Marlene, die er zärtlich »Puma« nennt, bleibt allemal stärker.

Er geht andere Liebschaften ein. Marlene Dietrich ist mit einem erstklassigen Besitzinstinkt ausgestattet, und sobald sie spürt, daß ein Mann, der für ihr Leben wichtig war, ihr abhanden zu kommen droht, wendet sie sich ihm wieder nachdrücklicher zu und versucht alles, ihn zu halten. So verfährt sie bei Remarque. »Alle Gedanken kreisen um das Puma, – sonderbar, dafür, dagegen. Muß weiter arbeiten.«

Sie fahren nach Amerika. Sie wohnen abwechselnd in Hollywood und New York City. Die gegenseitigen Quälereien dauern fort. »Manchmal«, so Remarque, »ist es wirklich ein Krieg mit dem Biest.« Er versucht zu arbeiten und kommt nur mühsam voran. »Ach, Puma, ich bin es müde Bücher zu schreiben ohne Dich. Die Zeit ist zu kurz.«

Sie pendeln zwischen Europa und den USA, bis der Krieg

ausbricht. Da sitzt Remarque in Paris. »Ich will immer noch nicht fahren. Nicht ausreißen. Aber das Puma wird sich tot ängstigen u. es braucht mich.« Also überquert er ein weiteres Mal den Atlantik, diesmal nicht, wie sonst, auf einem Luxusliner, sondern auf einem Flüchtlingsschiff, zusammen mit Marlenes Mann und Marlenes Tochter.

In New York lernt er 1940 die Schauspielerin Natalie Paley kennen. Sie ist eine Prinzessin aus dem Hause Romanow, eine knabenhafte Schönheit, ausgestattet mit einem unguten Penchant zu homosexuellen Männern. Er läßt sich auf eine Affäre mit ihr ein, freilich: »Es ist das Puma, das wieder herumgeistert in mir.« Also hurt er ausführlich herum und trinkt unmäßig viel.

Doch allmählich beginnt Natascha Paley den Platz der Dietrich bei ihm einzunehmen. Auch mit ihr gibt es Zank und Aufregung, auch von ihr läuft er fort zu anderen Frauen, aber sie ist nicht ganz so strapaziös wie die Filmdiva, und mit seiner Arbeit kommt er jetzt besser voran. Als er im Jahre 1943 für einige Zeit nach Los Angeles fährt, trifft er die einstige Geliebte wieder und notiert: »Diese schöne Legende, Marlene Dietrich, ist vorbei. Alt. Verloren. Schreckliches Wort.«

Auch für Marlene ist die Sache vorüber. Sie nimmt es ganz leicht. Die Tochter: »So verfuhr die Dietrich ihr ganzes Leben lang mit ihren Liebhabern: Sie tilgte sie aus ihrem Gedächtnis, als hätten sie nie existiert. Sie tat das nicht, um gelegentlich einer peinlichen Situation zu entkommen, bei ihr handelte es sich um ein regelrechtes Löschen der Erinnerung. Sie konnte das auch mit anderen Dingen tun – eine erschreckende Fähigkeit.«

Träumst von Liebe.
Glaubst an keine

Erich Kästner und Ilse Julius

Die erstmals 1960 erschienene Biographie des satirischen Lyrikers und international erfolgreichen Kinderbuchautors Erich Kästner, verfaßt von Luiselotte Enderle, schließt mit der Bemerkung, sie, die Autorin, habe zwecks Herstellung ihres Textes unter anderem mit Kästner ein »sehr eingehendes Interview« geführt. »Natürlich wurde auch nach Frauenbeziehungen gefragt. Erich Kästner lehnte es ab, jemals darüber zu sprechen. Das verbiete ihm die Diskretion. So tritt an Weiblichkeit nur in Erscheinung, was offiziell in Erscheinung trat.«

Ein Mehr an Verstellung ist schwer vorstellbar, denn eine der wichtigen Frauenbeziehungen von Erich Kästner war Luiselotte Enderle, die Autorin. In der biographischen Notiz zu ihrem Buch steht immerhin, sie sei Kästners Lebensgefährtin seit 1944 gewesen; in Wahrheit kannten sie einander schon viel länger, nämlich seit 1927, da sie gemeinsam als Journalisten in Leipzig arbeiteten, und am Ende lebten sie gemeinsam dreißig Jahre lang bis zu Kästners Hinscheiden. »Über seinen Tod hinaus präsentiert sie der Öffentlichkeit ein makelloses Kästnerbild und wahrt seine Geheimnisse«, hat ein anderer Kästner-Biograph über sie geschrieben.

Zu jenen Geheimnissen gehörte etwa Kästners unehelicher, erst später von ihm legalisierter Sohn Thomas, den ihm 1957 Friedel Siebert gebar. Er lebte mit der hübschen Schauspielerin um die zwanzig Jahre zusammen. Die Enderle wußte davon zunächst nichts und kam dem Verhältnis erst durch den Einsatz von Detektiven auf die Spur.

Daß er zwei oder noch mehr erotische Beziehungen nebeneinander unterhielt, war bei ihm nicht unüblich. Seine erotische Neugierde blieb zu allen Zeiten beträchtlich und war ebenso groß wie seine Angst vor der Ehe; in einem Gedicht hat er die Motive vorgetragen:

> Träumst von Liebe. Glaubst an keine.
> Kennst das Leben. Weißt Bescheid.
> Einsam bist du sehr alleine –
> Und am schlimmsten ist die Einsamkeit zu zweit.

Es gab in Kästners Leben nur eine Frau, der er in unerschütterlicher Liebe anhing und zu der er sich immer bekannt hat: seine Mutter. Die gebürtige Ida Augustin stammte aus einem kleinen sächsischen Dorf, arbeitete als Hausnäherin und Friseuse und heiratete den Sattler Emil Kästner, Erichs Vater. Freilich, diese Vaterschaft stand lediglich auf dem amtlichen Papier, denn Erichs leiblicher Vater hieß Emil Zimmermann und war ein jüdischer Arzt aus Dresden.

Die Brüder der Mutter machten erfolgreiche Gründerkarrieren, während die Kästners aus ihrem Kleine-Leute-Dasein nie herausfinden würden; die einzige Hoffnung auf gesellschaftlichen Aufstieg blieb das Kind. »Ida Kästner«, schrieb der Dichter, »wollte die vollkommene Mutter ihres Sohnes werden. Und weil sie das werden wollte, nahm sie auf niemanden Rücksicht, auch auf sich selbst nicht, und wurde die vollkommene Mutter. All ihre Liebe und Phantasie, ihren ganzen Fleiß, jede Minute und jeden Gedanken, ihre gesamte Existenz setzte sie, fanatisch wie ein besessener Spieler, auf eine einzige Karte, auf mich. Ihr Einsatz hieß: ihr Leben, mit Haut und Haar!«

Er vergalt es ihr mit einer lebenslangen Anhänglichkeit. Er schrieb ihr, er beichtete ihr, er schickte ihr seine Schmutzwäsche und erhielt sie gesäubert zurück und dies noch bis ins fortgeschrittene Alter. Er unterbreitete ihr alle Pläne und sämtliche erotische Eskapaden, er setzte seine Freundinnen ihrem Urteil aus. Seine Briefe an »Muttchen« gehören zu den rührenden und sonderbaren Dokumenten dieses Literatenlebens.

So geschah es auch im Fall Ilse Julius. Sie war, darf man den erhaltenen Zeugnissen glauben, Erich Kästners erste große Liebe. Kennengelernt hatten sich die beiden in Dresden, im Jahre 1919.

Ilse Julius stammte aus etwas derangierten Verhältnissen. Ihr Vater, erfolgreicher Vermessungsingenieur im Bergbau, hatte sich von seiner Ehefrau scheiden lassen. Das Kind blieb der Mutter, die Gesangsunterricht geben mußte, um sich und ihr Kind durchzubringen.

Der junge Erich war zu jener Zeit Student an der Universität Leipzig. Die ehrgeizigen Erwartungen seines Muttchen hatte er zu keiner Zeit enttäuscht: Er war ein glänzender Schüler gewesen, er hatte ein Lehrerseminar besucht und zwischendurch beim Militär dienen müssen, wo ihn ein brutaler Unteroffizier derart schikanierte, daß er einen lebenslangen Herzfehler davontrug. Er konnte anschließend ein Gymnasium besuchen und danach, ausgestattet mit einem Stipendium der Stadt Dresden, sich an der Hochschule immatrikulieren lassen.

Der erste erhaltene Brief von Ilse Julius an ihn datiert von Juni 1919. Er beginnt noch recht förmlich mit »Lieber Herr Kästner«. Bereits zwei Wochen später heißt es dann: »Lieber Erich«, und wenig später wird es heißen: »Bester, Einzigster, Liebster.« Man benötigt nicht viel Phantasie, um sich die Intensität der Gefühle und die Intimität der Beziehung zwischen beiden auszumalen.

Ilse Julius war drei Jahre jünger als ihr Freund. In ihrer familiären Situation ähnelten sie einander, indem sie jeder ein besonders inniges Verhältnis zu ihrer Mutter unterhielten; womöglich hat auch dies ihre Beziehung befördert. Was jedoch ihre beruflichen Interessen anlangte, so divergierten sie stark: Ilse wollte Chemikerin werden, Erich studierte Germanistik, und er tat alles, sie in seinen Interessenkreis hineinzuziehen. Er gab ihr Bücher, die sie lesen sollte und um seinetwillen auch las, jedoch nicht verstand. Mögliche Konflikte zwischen ihnen waren damit angelegt.

Einmal schrieb sie ihm:

»Ich bin der Ansicht, daß ein Weib sich einem Manne auch aus Trieb hingeben muß, was sie sich wohl eingestehen darf, sonst müßte sie sich allzusehr als Werkzeug vorkommen. Doch kann sich ein Weib nie – und hier der gewaltige Gegensatz zum Manne – allein aus Trieb hingeben. Das Weib gibt in der Ehe nicht ihre Persönlichkeit auf, bringt sie eher auf eine höhere Stufe.«

Diese etwas ungare Mischung aus Frank Wedekind, Magnus Hirschfeld und Johann Gottlieb Fichte sagt zunächst einmal einiges aus über die Zeit, in der die beiden lebten. Die alten Moralvorstellungen der wilhelminischen Ära waren zerbrochen. Man verhielt sich entschieden freizügiger, zumal in Liebesdingen, allerdings galt das hauptsächlich für die Großstadt und da zumal für Berlin, von wo aus dann ein schon erheblich eingetrübter Abglanz noch auf Städte wie Leipzig und Dresden fiel.

Ilse philosophierte in diesem Zusammenhang über die Ehe. Es blieb unübersehbar, woran sie dabei dachte, nämlich an die Hochzeit mit ihrem Erich. »Wir dürfen es uns zutrauen«, dekretierte sie, »daß wir beide stark genug sind zusammen *einen* Weg zu gehen.«

Kästner nun? Über jene Abwehrstrategien, der er später bei ähnlichen Gelegenheiten entwickeln würde, verfügte er damals noch nicht. So tat er das für ihn Nächstliegende: Er konsultierte sein Muttchen. Die riet ihm ab. Sie goutierte das Mädchen und würde ihn später auffordern, mit

Ilse pfleglich umzugehen, aber eine Schwiegertochter wollte sie nicht. Erich reagierte entsprechend, Ilse mußte es zur Kenntnis nehmen: »Du hast gesagt, wie Du an Dir arbeitest um einen tüchtigen, völlig nur auf sich selbst gegründeten Menschen aus Dir zu machen, & daß Du niemanden so eigentlich nötig haben willst. Und das will ich auch. Liebhaben tu ich Dich aber deshalb nicht minder.«

Derart trafen sie die Übereinkunft, das zu pflegen, was man damals eine moderne Beziehung nannte: Jeder erließ dem anderen die Treueverpflichtung. Problemlos war das nicht, und Eifersüchte schloß es nicht aus. Eines Abends vergnügte sich Ilse mit einem anderen Manne, vermutlich war die Sache völlig harmlos, doch erzählte sie Erich ausführlich davon, mit dem Resultat, daß er sich tief gekränkt fühlte und aus Dresden einfach abreiste – »ohne ein ganz kleines Zeichen, daß Du mich liebst«, wie sie anklagend schrieb.

Sie lebten da schon drei Jahre miteinander. Sie hatten eine Zeitlang in Rostock gemeinsam studiert, dann war Ilse wieder nach Dresden gegangen und Kästner wieder nach Leipzig, dort arbeitete er nebenher als Journalist, um sich sein Studium zu verdienen. Daß er seine Texte nicht nur einer einzigen Redaktion anbieten und verkaufen könne, mußte sie ihm beibringen. Er tat es und verdiente damit ganz gut. Überhaupt war sie eine geschäftstüchtige Person, die zeitweilig gar an der Börse spekulierte.

1925 promovierte er, mit einer ausgezeichneten Arbeit zu Fridericus Rex' französisch verfaßter Schrift über die deutsche Literatur. Dann unternahm er eine erste Auslandsreise, in die Schweiz und nach Italien. Er unternahm sie nicht allein. Er reiste gemeinsam mit einer Frau. Die Frau war Muttchen.

»Wir haben einander die größte Freiheit versichert & wüßten«, schrieb ihm Ilse, »daß im gegebenen Falle einer beinahe kaputt ging. Aber besser als beide. Dabei soll es bleiben.« Doch dieser unerhörte Altruismus von ihrer Seite war lediglich vorgeschoben; in einem anderen Brief äußert sie sich unverstellt: »Wir müssen bald heiraten … Nächstes Jahr noch nicht, da muß ich noch sehr fleißig sein & sehen, daß ich fertig werde. Übernächstes vielleicht. Oder wie denkst Du?«

Er dachte daran überhaupt nicht. Er saß in Leipzig, genoß sein inzwischen einigermaßen komfortables Junggesellendasein und traf sich, wenn es sich denn ergab, mit ihr auf ein »Bettenhuschen«. Sie klagte: »Also wieder mal in Dresden abgesetzt, 3 Wochen Wartezeit, um dann wieder ein paar flinke schöne Stunden mit Dir in Leipzig zu verleben. Ist das ein Leben?«

Ihre Reaktion darauf war, daß sie sich ihm zu entziehen suchte. Sie wollte seine Begehrlichkeit herausfordern, damit er sich endlich entschied. Die Herausforderung wirkte, wiewohl nicht in ihrem Sinn. »Die Dinge liegen für mich sehr schwer«, schreibt er seiner Mutter. »Ich bin stolz in solchen Fragen. Und nun soll ich weiter auf Ilse warten, wo sie zugibt, daß ihr ›die sexuelle Bereitschaft‹ (so nennt sie's wissenschaftlich) unangenehm ist; daß sie wie unter einem Druck stand, solange sie wußte: ich verlange und erwarte von ihr Hingabe.«

Er reist mit Ilse nach Dänemark. Es ist der Sommer des Jahres 1926. Es kommt zur einer letzten Intimität und zu einer entscheidenden Aussprache. Der Verlauf steht wieder in einem Brief an das Muttchen:

»Ich sagte: Du hast mich nie lieb gehabt. Die Zeit war's sexuelle Neugierde der 18jährigen. Und seit 6 Jahren etwa weißt Du, daß Du mich nicht liebst und nie geliebt hast. Aber Du hast Dir selber immer weißgemacht: ich liebe ihn doch. Faktisch hast Du mich nur gern gehabt, weil ich anständig, zuverlässig, ehrlich und gescheit bin.«

Seine Technik ist recht raffiniert: Er unterstellt seiner Freundin Gefühle und Motive, die in Wahrheit eher die seinen sind. Er projiziert seine eigene Verweigerungshaltung auf sie, um sich vor ihr und sich exkulpieren zu können.

Ilse scheint dies zu durchschauen; Kästner weiter: »Nein, sie habe mich doch liebgehabt. Und sie fühle genau, daß sie jetzt ihr Glück bewußt von sich weise. Nie wieder werde sie einen Mann wie mich finden. Ich sagte: wichtig sei nicht, ob der Mann gut oder lieb sei, sondern daß die Frau ihn liebhabe. 8 Jahre hätte ich sie liebgehabt. Nun wollte ich mal mit einer andern erleben, wie schön es ist, wenn ich liebgehabt werde. Dann wurde sie, unterwegs und weinend, auch noch eifersüchtig auf meine zukünftige Geliebte oder Frau. Ich sagte, am liebsten wäre mir, ein Kind zu haben. Sie sagte: sie würde von mir Kinder haben wollen. Immer noch. Ich sagte: Jetzt möchte ich keine mehr von Dir, da Du mich nicht lieb hast ... Dann war es Zeit, in den Zug zu steigen. Sie hat geweint und gewinkt. Und ich habe gewinkt und beinahe auch geweint.«

Kästner notiert das genaue Datum dieses Gesprächs: 14. November 1926, »3h – 8.50«. Die beiden Liebesleute kamen noch überein, daß sie einander auch künftig verbunden blieben; Muttchen verlangte es so, und Erich, natürlich, hielt sich daran. Also schrieben sie sich Briefe. Sie sahen sich bei Gelegenheit. Ilse brachte unterdessen ihr Studium zu Ende, promovierte und arbeitete danach als Chemieingenieurin; geheiratet hat sie nie.

Sowenig wie Kästner, der sich im folgenden nachhaltig jenen Geliebten zuwandte, auf die Ilse prospektiv Eifersucht empfunden hatte und die recht zahlreich waren. »Es gibt auf der Welt überhaupt nichts Gefährlicheres als junge Mädchen«, stöhnte er einmal. »Sie gleichen Löwen, die einen Menschen streicheln wollen und dabei versehentlich in Stücke reißen.« Die Liebesgeschichte mit Ilse aber inspirierte ihn zu einem seiner schönsten (und bekanntesten) Gedichte, das »Sachliche Romanze« heißt und die

Geschichte der Trennung mit fast protokollarischer Genauigkeit wiedergibt:

Als sie einander acht Jahre kannten
(und man darf sagen: sie kannten sich gut),
kam ihre Liebe plötzlich abhanden.
Wie andern Leuten Stock oder Hut.

Sie waren traurig, betrugen sich heiter,
versuchten Küsse, als ob nichts sei,
und sahen sich an und wußten nicht weiter.
Da weinte sie schließlich. Und er stand dabei.

Vom Fenster aus konnte man Schiffen winken.
Er sagte, es wäre schon Viertel nach Vier
Und Zeit, irgendwo Kaffee zu trinken.
Nebenan übte ein Mensch Klavier.

Sie gingen ins kleinste Café am Ort
Und rührten in ihren Tassen.
Am Abend saßen sie immer noch dort.
Sie saßen allein, und sie sprachen kein Wort
Und konnten es einfach nicht fassen.

Im Pendelschlag des Hin und Her

Martin Heidegger und Hannah Arendt

Martin Heidegger gehört zu den bedeutenden Anregern des 20. Jahrhunderts. Sein philosophisches Hauptwerk »Sein und Zeit« von 1927 begründete und definierte das, was hernach Existentialismus heißen würde und unmittelbar nach dem Zweiten Weltkrieg vornehmlich in Frankreich zu einer Denkschule gedieh, die das bloß Philosophische weit hinter sich ließ, die vielmehr auf die Belletristik einwirkte, überhaupt auf die Kunst und noch auf das Entertainment übergriff und selbst auf die Mode. Sie war das geistige Rüstzeug des französischen Widerstands gegen die deutsche Besatzung gewesen, was insofern erstaunlich ist, als jedenfalls Martin Heidegger eine Zeitlang intimen Umgang mit dem braunen Regime pflegte.

Dabei ließ sich sein Weltbild mit den Absichten der Nazis nur schwer in Übereinstimmung bringen. Außerdem galt die große erotische Passion seines Lebens einer Jüdin. Sie hieß Hannah Arendt. Sie würde, sehr viel später, den Bericht »Eichmann in Jerusalem« schreiben, den großen Rapport über jenes spektakuläre Gerichtsverfahren, das man dem obersten Bürokraten des Holocaust machte.

Von alledem ließ sich, als die beiden einander begegneten, noch nichts vermuten. Das Jahr war 1924. Martin Heidegger lehrte seit einem Jahr an der Philosophischen Fakultät der Universität Marburg. Er war 35 Jahre alt und hatte eine etwas gewundene Biographie hinter sich: Geboren als Sohn eines einfachen Küfermeisters im südbadischen Meßkirch und aufgewachsen in einem Milieu tiefster katholischer Frömmigkeit, sollte und wollte er eigentlich eine geistliche Laufbahn antreten. Nach dem Abitur begann er folglich mit dem Theologiestudium, besann sich dann aber anders und wandte sich der Philosophie zu. Er promovierte, er habilitierte sich, er war Kriegsteilnehmer und wurde, ausgewiesen durch einige bemerkenswerte Veröffentlichungen, 1923 nach Marburg berufen, wo er eine begeisterte Schülerschar um sich versammelte.

»Da war kaum mehr als ein Name, aber der Name reiste quer durch Deutschland wie das Gerücht vom heimlichen König.« So Hannah Arendt zur Begründung, weswegen sie sich in Marburg inskribierte.

Sie zählte gerade 18 Jahre. Sie war aus Niedersachsen gebürtig und war aufgewachsen in Königsberg, als Kind einer bürgerlichen Familie, die politisch der Sozialdemokratie zuneigte. Ihr Interesse für die Philosophie erwachte früh, sie war hochintelligent und hochbegabt, in Marburg belegte sie Vorlesungen bei dem für seine Bibelkritik berühmten evangelischen Theologen Rudolf Bultmann und eben bei Martin Heidegger.

Sie trug, ganz im Stil der Zeit, ihre Haare als Bubikopf. In der kleinen Universitätsstadt fiel sie schon dadurch auf. Auch ihre Garderobe war sehr modisch, mit einem Hang zu grasfarbenen Textilien, was ihr den Spitznamen »die Grüne« eintrug. Vor allem aber fiel sie auf, da sie bildschön war. »Das auffallendste an ihr war die suggestive Kraft, die von ihren Augen ausging«, beschrieb es einer ihrer damaligen Freunde, »man tauchte in ihnen geradezu unter und mußte fürchten, nicht mehr nach oben zu kommen.« Ein anderer Kommilitone berichtete, wie in der Mensa alle Gespräche erstarben, wenn sie das Wort ergriff; ein dritter entdeckte in ihr »eine Intensität, eine Zielstrebigkeit, ein Gespür für Qualität, eine Suche nach dem Wesentlichen, einen Tiefsinn, der ihr etwas Magisches verlieh«.

Heidegger war sie aufgefallen, seit sie in seinen Vorlesungen saß. Einmal lud er sie in seine Sprechstunde. Sie trug dabei, wie er sich immer wieder erinnerte, einen Regenmantel, und sie hatte den Hut tief in ihr Gesicht gezogen. Während des Gespräches zeigte sie sich gehemmt und schüchtern. Ihre Antworten blieben durchweg einsilbig. Bald darauf schickte ihr Martin Heidegger einen persönlichen Brief mit dieser sehr ungewöhnlichen Mitteilung:

»Ich muß heute Abend noch zu Ihnen kommen und zu Ihrem Herzen sprechen. Alles soll schlicht und klar und rein zwischen uns sein. Dann sind wir einzig dessen würdig, daß wir uns begegnen durften. Daß Sie meine Schülerin wurden und ich Ihr Lehrer, ist nur die Veranlassung dessen, was uns geschah. Ich werde Sie nie besitzen dürfen, aber Sie werden fortan in mein Leben gehören, und es soll an Ihnen wachsen.«

Sie wohnte in einer Dachkammer nahe der Universität. Manchmal versammelten sich bei ihr Studienfreunde zu philosophischen Diskussionen. Außer ihr lebte dort eine Maus, die sie manchmal hervorlockte, um sie zu füttern, zum beträchtlichen Entzücken ihrer Besucher. Nun empfing sie hier ihren akademischen Lehrer.

»Warum ist die Liebe über alle Ausmaße anderer menschlicher Möglichkeiten reich und den Betroffenen eine süße Last?« fragte dieser in seinem nächsten Brief an sie und gab sich selbst die Antwort: »Weil wir uns in das wandeln, was wir lieben und doch selbst bleiben. Dem Geliebten möchten wir dann danken und finden nichts, was dem genügte.« Im nämlichen halb priesterlichen, halb parfümierten Ton wandte er sich nun seiner Adressatin direkt zu, deren »Leben still sich anschickt, zu dem der Frau sich zu bereiten«, er hoffe, »daß nichts in Dir zerbreche; daß, was Deine Vergangenheit an Schwerem und Schmerzlichem hat, sich läutere; daß Fremdes und Zugetragenes weiche«. Wie hieß es zuvor: Niemals werde er sie besitzen können? Aus den beiden ist unversehens ein Liebespaar geworden.

Sie sind ein heimliches Liebespaar. Der Ort ihrer Treffen bleibt Hannahs Dachstube. Fast zur gleichen Zeit handelt übrigens Martin Heidegger, was ein hübscher Zufall ist, in einer seiner akademischen Veranstaltungen von der biblischen Genesis und dort exakt von den Ereignissen des Sündenfalls.

Die strenge Geheimhaltung, die Heidegger verlangt und die Hannah Arendt auch einhält, erklärt sich durch die besonderen Lebensumstände des Philosophen. Er ist seit dem Jahre 1917 verheiratet und inzwischen der Vater zweier Söhne. Seine Ehefrau Elfride ist nicht nur überaus eifersüchtig, da sie wahrnimmt, wie vor allem Studentinnen ihren Mann umschwärmen, sie ist auch eine entschiedene Antisemitin.

Also gehen kleine Kassiber von ihm zu ihr: »Willst Du heute abend zum Wald kommen?« Oder: »Dienstag Abend um 9. Warte an der Bank. Wenn schlechtes Wetter, dann Freitag.« Ein Zeichensystem wird vereinbart, mit ein- oder ausgeschalteten Lampen, mit geöffneten Fenstern und Türen, was entweder Gelegenheiten oder Gefahren mitteilen soll. Der Respekt der Studentin vor dem Universitätslehrer bleibt groß genug, daß sie sich seinen Intentionen zunächst widerstandslos fügt.

Zur Belohnung empfängt sie Briefe wie diesen: »Mein Liebes! Ob ich je so froh war über einen Menschen wie am letzten Abend? Ich möchte diese Augenblicke unseres Lebens mir nie mehr entschwinden lassen, und sie sollen immer da sein, wenn wir schwanken, zögern und vergessen, gut zu sein. Es stand nichts zwischen Dir und mir. Das schlichteste Zueinandersein – ohne Unruhe und Verlangen, ohne Fragen und Bedenken – so ganz gelöst, daß ich hätte aufjubeln mögen, wenn nicht die Ehrfurcht vor diesem Augenblick mich noch seliger gemacht hätte.«

Sie selbst hat in dieser Zeit eine autobiographische Skizze verfaßt, in der sich solche Sätze finden: »Mag sein, daß in dem Verfallensein an die Angst und in dem an die Sehnsucht ein Identisches lag, nämlich: verfallen sein, in eine Sucht gebannt zu sein – diese starre Hingegebenheit an ein Einziges, wenn der leere Blick die Mannigfaltigkeit vergißt und für nichts achtet, ganz erfüllt von der Sucht und der Leidenschaft.« Sie sieht sich selber »blaß und farblos und mit der versteckten Unheimlichkeit eines über den Weg huschenden Schattens«. Von überschäumenden Glücksgefühlen zeugt das alles nicht.

In den Semesterferien muß man sich trennen. Man schreibt einander ausführliche Briefe. Heidegger erzählt aufgeräumt von Skiausflügen mit seiner Familie, man tauscht sich auch über Lektüren aus, über Thomas Mann und Friedrich Hölderlin. Dann beginnt wieder das Semester, und Heidegger schreibt: »Mein Liebes! Eben dachte ich an Dich und war für eine kurze Arbeitspause bei Dir, da kamst Du ...« Es bleibt bei der angestrengten Heimlichkeit. Es bleibt bei dem nach außen hin intakten Familienleben des Philosophen.

Der Heidegger-Biograph Rüdiger Safranski sagt: »Wenn Hannah damals Heidegger nicht vor die Entscheidung gestellt hat, so schließt das doch nicht aus, daß sie eine solche von Heidegger erwartet hat. Die Geheimhaltung war schließlich sein Spiel. In ihren Augen war er es, der dieser Beziehung zu einer kompakteren Wirklichkeit hätte verhelfen müssen. Er aber wollte nicht, Hannahs Hingabe war ein Glück für ihn, doch für ihn sollte sich daraus keine Verantwortung ergeben.«

Schließlich kamen die beiden überein, daß Hannah aus Marburg fortgehe. Es wurde wohl immer schwieriger, die Sache geheimzuhalten, und womöglich gab es den ersten Klatsch. Hannah wechselte den Universitätsort, der war nun erst Freiburg, dann Heidelberg; dort lehrte Heideggers Freund, der andere Existenzialphilosoph Karl Jaspers, bei dem Hannah Arendt dann auch promovieren sollte.

Zunächst verschwieg sie Heidegger ihre neue Adresse. Der Philosoph brachte sie umgehend in Erfahrung. Sie ließ sich auf andere Liebschaften ein, um von ihm loszukommen, und er, statt eifersüchtig zu werden, beglückwünschte sie förmlich zu ihren Handlungen und verabredete gleich wieder ein neues Treffen mit ihr. Sie schrieb Lyrik in dieser Zeit, und eines ihrer Gedichte, mit dem Titel »Müdigkeit«, hat diese Strophen:

> Graue Wände
> Fallen hernieder,
> Meine Hände
> Finden sich wieder
>
> Was ich geliebt
> Kann ich nicht fassen,
> Was mich umgibt,
> Kann ich nicht lassen.

Heidegger sei es ausschließlich auf die kostbaren Augenblicke der Begegnung angekommen und nicht etwa darauf, Hannah immer um sich zu haben, diese Rolle sei der Ehefrau Elfride zugedacht gewesen, sagt Safranski, und weiter: »Er merkt offenbar nicht, daß ihre Liebschaften hilflose Versuche sind, von ihm loszukommen. Und falls er es doch gemerkt haben sollte, dann, so kommt es ihr vor, bedeutet sein Verhalten, daß er seine Macht über sie spielen lassen möchte.«

Sie versucht es, sich immer weiter zurückzuziehen, und gibt doch immer wieder nach, wenn ein neuer Brief, eine weitere Aufforderung von ihm eintrifft: »Ich möchte deine liebe Gestalt ganz haben – so wie ich Scheu und Güte Deines Herzens tief in mir verwahre. Behalte mich in deiner Gegenwart.«

Das geht so bis 1928. Heidegger schreibt ihr, wie gewöhnlich, er »zittere schon vor Freude, wenn ich denke, daß ich Dich sehen darf«. Sie entgegnet: »Ich liebe Dich wie am ersten Tag – das weißt Du ...« Aber, vieldeutig: »Ich gebe immer nur so viel, als man von mir verlangt, und der Weg selber ist nichts anderes als die Aufgabe, die unsere Liebe mir aufgibt.« Und dann, später: »So komme ich heute zu Dir in der alten Sicherheit und mit der alten Bitte: vergiß mich nicht, und vergiß nicht, wie sehr und wie tief ich weiß, daß unsere Liebe der Segen meines Lebens geworden ist. Dieses Wissen ist nicht zu erschüttern, auch nicht heute, da ich Heimat und Zugehörigkeit von meiner Rastlosigkeit bei einem Menschen gefunden habe, von dem Du es vielleicht am wenigsten verstehen wirst.«

Der Mensch heißt Günter Anders und ist ein Kulturphilosoph. Heidegger kennt ihn. Offenbar schätzt er ihn nicht sonderlich. Günter Anders und Hannah Arendt schließen 1929 die Ehe. Ihr Liebesverhältnis mit Martin Heidegger ist damit zu Ende.

Indessen kommt es zu keinem vollständigen Bruch: Weiterhin korrespondiert man miteinander, bis Adolf Hitlers Machtübernahme Hannah Arendt zur Emigration zwingt. Heidegger vollzieht zur gleichen Zeit seinen elenden Kniefall vor der braunen Diktatur, er wird Universitätsrektor in Freiburg und hält dabei eine erschreckend peinliche Antrittsrede, Safranski spricht höflich von einem »Kurzschluß zwischen Philosophie und Politik«. Der intensive Flirt zwischen Heidegger und den Nazis endet bald, doch der Philosoph verhält sich angepaßt, er kann ungehindert lehren und publizieren, seine jüdischen Freunde, darunter seinen alten Lehrer Edmund Husserl, verrät er ungeniert. Daß viele in seiner Haltung einen unerträglichen Verrat sehen, wird unausweichlich.

Sonderbarerweise gehört zu jenen vielen nicht Hannah Arendt. Die Hitler-Emigrantin, die mit ihren Untersuchungen über die Ursprünge totalitärer Herrschaft eine der wichtigsten Analysen der braunen Diktatur verfassen wird, mag ihren ehemaligen Lehrer und ehemaligen Geliebten nicht aburteilen und nicht verleugnen, zu keiner Zeit.

Heidegger steigt, nach ein paar Jahren des besatzungsrechtlich verhängten Boykottes seiner Person, zum wichtigsten Denker der jungen Bundesrepublik Deutschland auf. Hannah Arendt kehrt im Jahre 1950 als Besucherin nach Deutschland zurück; sie schreibt ihm, und er reagiert sofort: »Ich freue mich über die Gelegenheit, unsere frühe Begegnung als ein Bleibendes jetzt eigens in die spätere Lebenszeit aufzunehmen. Es wäre schön, wenn Sie heute abend gegen 8 Uhr zu mir herauskommen könnten.« Sie kommt tatsächlich. Nach dem Besuch schreibt er: »Ein stilles Morgenlicht blieb, nachdem Du fortgefahren, in meiner Stube zurück.«

Sie bleiben weiterhin in Verbindung. Sie schreiben einander, sie schicken sich ihre Schriften, sie treffen sich erneut. Hannah Arendt korrespondiert schließlich selbst mit Elfride, der einstigen Rivalin. Der Briefwechsel geht bis ins Jahr 1975, im Sommer hat man sich nochmals getroffen. Anfang Dezember erliegt Hannah Arendt einem Herzinfarkt.

Auch Martin Heidegger hat Lyrik geschrieben, ein Großteil davon für Hannah Arendt. Ein Gedicht, »Zeit« geheißen, enthält diese Verse:

> Erst wenn sie steht, die Uhr
> im Pendelschlag des Hin und Her
> hörst Du: sie geht
> und ging und geht
> nicht mehr.

Nur ein knappes halbes Jahr nach Hannah Arendt stirbt Martin Heidegger.

Leere Schaukelstühle

Bertolt Brecht und Ruth Berlau

Das Liebesleben des Stückeschreibers und Versemachers Bertolt Brecht aus Augsburg ist mittlerweile ebenso deutsches Bildungsgut wie das des Weimarer Klassikers Johann Wolfgang Goethe. Man kennt die Namen der wichtigsten Freundinnen Brechts. Man weiß, daß er zweimal verheiratet war und vier Kinder aus drei Verhältnissen hatte, Abtreibungen und verstorbene Säuglinge nicht gerechnet. Seine zweite Frau Helene Weigel war eine bedeutende Schauspielerin und Theaterprinzipalin, seine erste Frau Marianne Zoff eine zu ihrer Zeit bekannte Sängerin; sie ehelichte später den bekannten Filmkomiker Theo Lingen. Die genialische Autorin Marieluise Fleißer war ihm ebenso verfallen wie die schöne Aktrice Carola Neher und die selbstlosen Arbeitsbienen Elisabeth Hauptmann und Margarete Steffin.

Brechts Sexualhunger war außerordentlich und ziemlich vulgär. Der kleinwüchsige Mensch mit der krächzenden Stimme, der sich ungern wusch und schlecht roch, setzte als sein wichtigstes Verführungsmittel sein Talent ein: Er sang seine Verse zu eigener Gitarrenbegleitung, bis ihm die Umworbenen erlagen.

Daß er mehrere Liebesverbindungen nebeneinander unterhielt, war die Regel; daß er seine Triebabfuhr als mechanisch-materialistische Tätigkeit begriff, hielt er nicht verborgen, sondern teilte es in zynisch-genialen Versen mit:

In meine leeren Schaukelstühle vormittags
Setze ich mir mitunter ein paar Frauen
Und ich betrachte sie sorglos und sage ihnen:
In mir habt ihr einen, auf den könnt ihr nicht bauen.

In der Regel gliederte er die Freundinnen seinem Ar-
beitsstab ein, was äußerst vernünftig war: Er brauchte
ihren Körper ebenso wie ihren Geist. In seinem Berliner
Ensemble waren um ein halbes Dutzend Brecht-Geliebte
engagiert. Als er gestorben war, 1956, stritten sich die zahlreichen Brecht-Witwen erbittert um das Erbe.

Unter ihnen war Ruth Berlau, eine Dänin. 1906 in Kopenhagen geboren, stammte sie aus gutbürgerlichen Verhältnissen, freilich scheint es, daß ihr Vater, ein schwerer
Alkoholiker, sie als Kind sexuell mißbraucht hat. Sie war
schön, intelligent und tatendurstig. Als junges Mädchen
unternahm sie eine Fahrradreise nach Paris und schrieb
darüber für die Zeitung. Sie nahm Schauspielunterricht
und spielte am Königlichen Theater. Sie tourte erneut mit
dem Fahrrad durch Europa, diesmal in östlicher Richtung,
nämlich bis nach Moskau. Als überzeugte Kommunistin
kehrte sie zurück, trat der dänischen KP bei und gründete
ein Arbeitertheater.

Mit zweiundzwanzig Jahren hatte sie einen sehr viel älteren Arzt geheiratet, Robert Lund, dem sie zwei Kinder gebar. Ihre kommunistische Überzeugung hinderte sie nicht,
die Freuden luxuriöser Großbürgerlichkeit zu suchen,
Sommerurlaube in Südfrankreich und Italien, Skiferien in
der Schweiz. Sie fuhr ein pompöses Automobil US-amerikanischer Herkunft und leistete dann wieder kommunistische Parteiarbeit bis an die Grenzen der Erschöpfung.

Als 1933 in Deutschland Adolf Hitler die politische
Macht übernahm, floh Brecht nach Dänemark. Seit dem
Welterfolg seiner »Dreigroschenoper« war er ein interna-
tional bekannter Literat, und sein Aufenthalt blieb nicht

anonym. So erfuhr davon auch Ruth Berlau. Sie hatte eine ihrer ersten Theaterrollen in einem Brechtstück gespielt, »Trommeln in der Nacht«; nun begehrte sie danach, den Autor persönlich zu erleben.

Sie traf ihn im Ferienhaus der bekannten Autorin Karin Michaelis auf der Insel Thurø. Sie war, wie sie später mitteilte, beeindruckt von seinem Blick: »klare, dunkle, vielsagende, lächelnde Augen«. Man sprach über Deutschland, dann ging man zu Tisch: Brecht, die Weigel, die Berlau und ein Architekt, der das von Brecht in Svendborg erworbene Haus umbauen sollte. »Nach Tisch legt sich Brecht hin und ruht sich aus«, dekretierte die Weigel. Die Berlau ging allein spazieren. Da hörte sie ein zartes »Hallo!« Brecht war aufgestanden und lud die Besucherin ein in sein Arbeitszimmer. Dort unterhielten sie sich, über das Theater und über Brechts Stück »Die Mutter«, die Dramatisierung von Gorkis Roman. Die Berlau verabschiedete sich, kam bald wieder und nahm Brecht nach Kopenhagen mit. Der Dichter begann, vor der Berlau Lieder zu singen. Die Weigel sah es mit eifersüchtigem Argwohn.

Er brachte in der Wohnung der Berlau seine Geliebte Margarete Steffin unter. Die Berlau übersetzte »Die Mutter« ins Dänische. Brecht war auf Reisen im Ausland unterwegs, kehrte zurück und traf die Berlau. Er schenkte ihr einen Ring: aus Eisen; Gold, sagte er, sei ihm zu konventionell. Sie lagen auf einer Decke am Strand, es war Nacht, und er zeigte ihr am Sternenhimmel die Kassiopeia. Wo immer sie in Zukunft auch seien, wenn sie dieses Sternbild sähen, würde ihre Verbundenheit neuerlich hergestellt. »So brachte er den Himmel auf Erden«, erzählte sie. »Wir küßten uns unter der Kassiopeia, ein vorsichtiger, ein himmlisch leichter Kuß, ein Sternenkuß, ein ewiger Kuß.« Sie wußte nicht, daß die Option auf den Sternenhimmel ebenso zu Brechts Verführungsinstrumentarien gehörte wie das Singen eigener Lieder.

Was im folgenden geschah, hat der Amerikaner John Fuegi, einer von vielen Brecht-Biographen, so beschrieben: »Auf der intimen Ebene hoffte sie, daß ihr unverstelltes Vergnügen an seinem nackten Körper es ihm gestatten würde, offener zu sein. Da sie sexuell mindestens genauso erfahren war wie er, sah sie sich als seine Lehrerin. Sie wollte, daß er lernte, sich genüßlich ganz auszuziehen, anstatt für ein kurzes Vergnügen nur die Hose aufzuknöpfen und ihren Rock hochzuschieben, wie er es zu Beginn ihrer Beziehung offenbar tat.« Weiter: »Berlau hoffte, daß ihre Liebe zu ihm stärker sein würde als seine bürgerlichen Hemmungen, sein Beharren darauf, ihr Verhältnis geheimzuhalten. Wie ein Kind glaubte er, niemand sonst würde sehen, was wirklich vor sich ging, wenn er nur selbst die Augen schloß. Aber selbstverständlich sah es jeder.«

Noch war die Berlau formell verheiratet. Sie kümmerte sich um die schwerkranke Steffin. Sie arbeitete mit Brecht an verschiedenen literarischen Projekten. Sie spielte mit der Weigel Schach, und wenigstens einmal haben sich die beiden geprügelt; Brecht verfolgte die Spannung zwischen den Frauen mit offensichtlicher Neugier. »Einmal habe ich ihn überrascht«, so die Berlau, »als er, im langen Nachthemd, durchs Schlüsselloch guckte. Er wollte feststellen, was wir ohne ihn unternahmen.«

Brecht begann mit der Arbeit an einem Roman, in dem er sich und seine Zeit in ein chinesisches Milieu transponierte, »Me-ti/Buch der Wendungen«, die Berlau tritt darin als Lai-tu auf. Das Manuskript blieb Fragment, wie viele andere Arbeiten des Dichters. Die Berlau finanzierte einen Lyrikband Brechts, »Svendborger Gedichte«. Brecht bedrängte sie, ihren Mann zu verlassen, was sie schließlich auch tat. Ab 1938 lebte sie allein in Kopenhagen und kaufte ein Landhaus für ihre Liebesnächte mit Brecht. Statt ihres luxuriösen Automobils fuhr sie jetzt ein Motorrad, der vor Furcht zitternde Brecht saß auf dem Sozius.

Sie arbeitete für das Theater, übersetzte und versuchte sich an eigenen Texten. Die Brechts zogen nach Schweden. Brecht schrieb ihr, von jetzt an warte er auf sie, »wohin immer ich komme, und ich rechne immer mit dir. Und ich rechne nicht wegen dir auf dein Kommen, sondern wegen mir, Ruth.« Er schrieb: »... komm bald. Alles ist unverändert, sicher und gut. J. e. d. Und es wird unverändert sein. So lange unsere Trennung dauern mag.« Die drei Initialen standen für das dänische *Jeg elsker dig,* ich liebe dich.

Sie ließ sich von Lund scheiden. Sie lebte mit den Brechts in Schweden und in Finnland. Der Zweite Weltkrieg brach aus, sie reiste mit Brecht, der Weigel und der Steffin quer durch die Sowjetunion, um auf ein Schiff zu gelangen, das sie alle miteinander nach Kalifornien bringen sollte.

Sie gehörte nunmehr fest zu Brechts weiblichem Troß. Anfangs lebte sie von dem Geld, das ihr geschiedener Mann ihr zahlte. Sie wohnte dann in New York, während die Brechts in Hollywood blieben; er schrieb ihr täglich Briefe mit der Bitte, ihm treu zu bleiben. Sie selbst bezeichnete sich jetzt als »Brechts Nebenfrau«.

Die Berlau arbeitete für ein Informationsbüro und schrieb für das Radio. Sie unternahm hilflose Versuche, sich von Brecht zu lösen, sie ging andere Verbindungen ein, aber sie kam von Brecht nicht los; gelegentlich schickte er ihr Gedichte. Nochmals Fuegi: »Spätestens 1943 war von Berlaus Laufbahn als stolzer, praktisch veranlagter, phantasievoller, eigenständiger Schriftstellerin, Managerin, Regisseurin, Sprecherin und Schauspielerin nichts mehr übrig. Brecht hatte sie auf ihre einzelnen Funktionen und psychischen Teilexistenzen reduziert, deren jede ein bestimmtes seiner Bedürfnisse erfüllte ...« Sie begann wie ihr Vater zu trinken.

Sie wurde schwanger von Brecht. Das Kind, das sie schließlich zur Welt brachte, ein Junge, lebte nicht sehr lange. Sie kollabierte und mußte eine psychiatrische Klinik aufsuchen.

Der Krieg ging zu Ende, und Brecht kehrte nach Europa zurück. Die Berlau folgte ihm. Sie blieb bei Brecht in der Schweiz, sie reiste zu ihm nach Ostberlin. In den USA hatte sie zu photographieren begonnen, nun wurde sie zur Szenenphotographin seiner Modellinszenierungen; für eine literarische Mitarbeit war ihr Deutsch zu schlecht. Manchmal durfte sie immerhin Proben leiten.

Sie galt als launisch und kompliziert. Ihr Alkoholkonsum nahm zu. Sie machte Brecht Eifersuchtsszenen, im Theater, vor den Schauspielern, sie versuchte sich umzubringen und kam neuerlich in die Psychiatrie. Brecht sagte ihr: »Wenn ich morgen auf der Straße tot umfalle, bist du schuld. Du hast mich fünf Jahre meines Lebens gekostet. Ich bin jetzt dreiundfünfzig Jahre alt und sehe fünf Jahre älter aus.« Sie selbst sagte: »Mich hat er immer behandelt wie den letzten Dreck – leider liebe ich ihn.«

Brechts Berliner Ensemble kam bravourös voran, sein Ruhm wurde größer, auch international, die Berlau tat einiges dafür in Skandinavien. Wenn sie sich in Berlin aufhielt, wurde sie von anderen Brecht-Geliebten getröstet, oder sie tröstete diese. Ihre Auseinandersetzungen mit dem Dichter häuften sich. Sie galt als verrückte, haltlose Trinkerin. Noch keine fünfzig Jahre alt, war sie längst ein körperliches und ein seelisches Wrack.

Brecht starb 1956. Der Berlau hatte er testamentarisch für ein Haus in Dänemark Geld hinterlassen, das man ihr auch auszahlte. Sie lebte eine Weile in ihrer Heimat und kehrte nach Berlin zurück. Der erste Leiter des Brecht-Archivs, Hans Bunge, machte ausführliche Tonband-Interviews mit ihr, die später als Buch erschienen und einiges Aufsehen erregten, »Brechts Lai-tu. Erinnerungen und Notate«.

Sie kam Anfang 1974 bei einem Zimmerbrand in der Berliner Charité ums Leben.

Ich bin ein Narr und weiß es

Ingeborg Bachmann und Max Frisch

Als die Österreicherin Ingeborg Bachmann zum ersten Mal bei der zuzeiten einflußreichen Literatenvereinigung Gruppe 47 auftrat, um dort aus ihren Gedichten zu lesen, klang ihre Stimme so leise und brüchig, daß sie kaum zu verstehen war. Überhaupt wirkte sie fahrig und gehemmt, was sie wohl tatsächlich war und dann auch wieder nicht: Es handelte sich um eine Rolle, eine Maske, hinter der sich eine willensstarke und leidenschaftliche Natur verbarg, doch die Maske hatte derart von ihr Besitz ergriffen, daß sie zum unverlierbaren Teil ihres Wesens geworden war.

Sie stammte aus Klagenfurt, der Hauptstadt des österreichischen Bundeslandes Kärnten, wo der europäische Süden nahe liegt und gegen die benachbarten Slowenen eine untergründige Abneigung wuchert, die der jungen Bachmann zutiefst widerwärtig war. Sie hatte studiert, Germanistik, Psychologie und Philosophie, an den Universitäten Innsbruck, Graz und Wien; sie hatte promoviert mit einer Dissertation über den schwierigen Existenzialphilosophen Martin Heidegger. Ihre ersten Schritte in die schöne Literatur tat sie unter dem Patronat des einflußreichen Wiener Kritikers Hans Weigel, der auch eine Zeitlang ihr Liebhaber war; eine andere intime Beziehung unterhielt sie mit einem weiteren Weigel-Schützling, dem aus Czernowitz stammenden jüdischen Lyriker Paul Celan.

1953, da war sie 27, erhielt sie den Preis der Gruppe 47,

was sie, zusammen mit ihrem im gleichen Jahr erschienenen ersten Gedichtband, »Die gestundete Zeit«, in Deutschland alsbald sehr bekannt machte. Sie schrieb für das Radio, Features und Hörspiele; von den letzteren hieß eines »Der gute Gott von Manhattan« und war eine in New York City spielende Liebesgeschichte mit surreal-märchenhaften Zügen. Das Stück erhielt den angesehenen Hörspielpreis der Kriegsblinden. Zu seinen Bewunderern gehörte ein prominenter Kollege, der Schweizer Schriftsteller Max Frisch.

Er schrieb ihr einen Brief; persönlich kannten sie einander nicht. »Sie hörte Lob genug und großes Lob, das wußte ich, trotzdem drängte es mich zu diesem Brief«, sagte er später. »Ihre briefliche Antwort verblüffte mich: sie fahre nach Paris und komme über Zürich, doch habe sie nur vier oder fünf Tage Zeit. Was war damit gemeint? Sie kam dann nicht.«

Er hatte ihr über ihren Münchner Verlag geschrieben. Er besaß weder ihre private Adresse, noch wußte er ihren Aufenthaltsort in Paris. Er reiste dann seinerseits in die französische Hauptstadt, zu einem Gastspiel des Zürcher Schauspielhauses, das dort eines seiner Theaterstücke aufführen sollte; die Bachmann erfuhr davon aus der Zeitung.

»Sie kam, um sich die Aufführung meines Stückes anzuschauen, *Théâtre des Nations,* gekleidet für eine Loge. Ich war beglückt, als wir im Café vor dem Theater einen Pernod tranken, und sagte: *Das brauchen Sie sich nicht anzuschauen.* Sie überhörte es, beschäftigt mit ihrer Tasche und verwirrt, weil sie irgendetwas nicht finden konnte. Ich hatte keine Loge, aber zwei Karten für den Balkon. Warum sagte ich das? Ich wurde von den Schauspielern erwartet, eine Premiere in Paris, meine erste, ich fand die Aufführung sehr gut, mein Stück nicht schlecht, aber als es Zeit wurde, sagte ich ein zweites Mal: *Ingeborg Bachmann, das brauchen Sie sich wirklich nicht anzuschauen.* Statt ins Theater gingen wir zu unserem ersten Abendessen.«

Er war 15 Jahre älter als sie. Er war das Kind eines erfolglosen Zürcher Architekten und hatte, nach einem abgebrochenen Studium der Geisteswissenschaften, seinerseits den Beruf des Vaters erlernt und ausgeübt und zwischendurch mit dem Schreiben begonnen. Anfangs arbeitete er für Zeitungen, hernach veröffentlichte er Bücher, das angesehene Zürcher Schauspielhaus spielte ihn regelmäßig, und spätestens mit dem Erscheinen seines Romans »Stiller«, 1954, wurde er zu einem auch international bekannten Autor und dem anderen Schweizer Vorzeige-Literaten neben Friedrich Dürrenmatt.

Seit 1942 war er verheiratet und hatte drei Kinder – legale, wie man hinzufügen muß, denn er unterhielt allerlei außereheliche Beziehungen: »Vier Abtreibungen bei drei Frauen«, wie er sehr viel später bekannte. Als er die Bachmann traf, befand sich seine erste Ehe in einer tiefen Krise.

»*Paris*, die ersten Küsse auf einer öffentlichen Bank, dann in die Hallen, wo es den ersten Kaffee gibt: am Nebentisch die Metzger mit den blutigen Schürzen, diese zu plumpe Warnung.«

So seine Erinnerung. Das Datum ist der 3. Juli 1958, ein Tag, »sicher ohne Kopfschmerzen, ohne Angstzustände«, wie die Bachmann sagt, »ein leerer oder ausgeraubter Tag«, sagt sie, »an dem ich mich nicht gewehrt habe und etwas geschehen ließ«.

Es kommt zu einer engen und überaus komplizierten Beziehung. Sie gehen zunächst nach Zürich. »Die Verstörte am Bahnhof; ihr Gepäck, ihr Schirm, ihre Taschen. Eine Woche in Zürich als Liebespaar und aus klarer Erkenntnis der erste Abschied. [...] Die klare Erkenntnis, lebbar nicht länger als vier Wochen. Meine Reise nach Neapel. Sie am Bahnhof; ihre Arme haben Kraft. Wohin mit uns?

Schließlich ist es ein Zufall, wo wir eine Unterkunft bekommen; wieder zu plump: *Porto Venere,* wo wir im Taxi angekommen sind wie auf der Flucht ...«

Frisch betreibt seine Scheidung. Sie sind abermals in Zürich. Frisch erkrankt schwer an der Gelbsucht. »Ich habe Angst. Sie besucht mich, und ich kann's nicht sagen. Kann ich hören? Ich bemerke nicht, daß sie heute ein neues Kleid trägt, ein sommerliches. Sie ist enttäuscht; sie ist den ganzen Tag in Zürich herumgelaufen, um mich zu erfreuen mit einem neuen Kleid. [...] Ich verstehe alles nicht. Ich schicke sie weg.«

Er verfügt den Kauf eines Automobils für sie. Gemeinsam mit Hans Magnus Enzensberger reist sie nach Rom, Frisch liegt weiterhin im Krankenhaus. Langsam erholt er sich. Er kann wieder umhergehen. Er versucht sie anzurufen, aber er erreicht sie nicht. »Hat sie meine Briefe nicht bekommen? Ich bin nicht mehr gelb; ich will sie. *Roma non risponde. Roma non risponde.* Einmal höre ich doch ihre Stimme; wenige Tage danach treffen wir uns an der italienisch-schweizerischen Grenze [...].«

Sie leben nun wieder in Zürich, diesmal in getrennten Wohnungen, die Bachmann exakt dort, wo einstmals der Zürcher Stadtschreiber Gottfried Keller wohnte. Es gibt Spannungen, immer wieder, sie waren wohl schon der Grund für den vergeblichen Versuch, die Beziehung zu beenden. Frischs Ehe ist inzwischen geschieden. Er will die Bachmann heiraten. Er hält sich in der Toskana auf, in Siena, er trägt den Brief mit seinem Antrag an sie zur Post. »Der Freund, der in einer nahen Bar auf mich gewartet hat, findet mich ziemlich verstört und weiß nicht warum. Wann kann ihre Antwort mich frühestens erreichen?«

Sie antwortet nicht. Daß sie den Brief überhaupt erhalten hat, erfährt er von ihr erst viel später. Sie leben jetzt überwiegend in Italien; zwischendurch hält die Bachmann Poetikvorlesungen in Frankfurt, an der Universität, die erste trägt den Titel »Fragen und Scheinfragen«; Max Frisch, der in der ersten Reihe des Hörsaales sitzt, muß es wie eine Anspielung erscheinen. Bei ihren nächsten Frankfurter Aufenthalten lehnt sie seine Begleitung ab. »Dann und wann verdrießt mich die Geheimnistuerei. Was fürchtet sie?«

Sie nehmen in Rom eine gemeinsame Wohnung, »wir sind ein Paar, eine Art von Paar, es ist kaum noch zu verheimlichen«. In den Zeitungen stehen Gerüchte über ihre Heirat, unter Angabe der Kapelle, wo die Trauung stattfand, aber es wird niemals zu einer Trauung kommen, dafür verstärken sich die Irritationen.

»Sie hat eine große Scheu davor, daß Menschen, denen sie nahesteht, einander begegnen«, schreibt er. »Dann wieder, in Rom, scheidet sie Vergangenheit und Gegenwart; plötzlich bleibt sie stehen, wie von einem Ziegel getroffen, und hält den Handrücken vor die Stirn: Bitte, nein, laß uns nicht durch diese Gasse gehen, nein, bitte nicht! Ich frage nicht. Man vergibt sich mit seinen Geheimnissen.«

Manchmal verschwindet sie, für Wochen. Er bleibt in Rom zurück und wartet, zermartert von Ungewißheit und Mißtrauen. »Wenn sie aber da ist, so ist sie da. [...] Was quält mich? Ich sitze in meinem Zimmer und belausche sie nicht, aber ich höre, wie sie am Telefon mit jemand spricht; ihre Stimme ist fröhlich, sie lacht, es wird ein langes Gespräch; ich habe keine Ahnung, wem sie es sagt: Übermorgen fahre ich nach London!«

Dann: »Einmal habe ich getan, was man nicht tun darf: ich habe Briefe gelesen, die nicht an mich gerichtet sind, Briefe von einem Mann; sie erwägen die Ehe. Ich schäme mich und schweige. Sie lügt nicht, wenn ich frage.«

Er verliert die Beherrschung: »Auf der sommernächtlichen Terrasse mit Blick über Rom schlafe ich mit dem Gesicht in der eignen Kotze. Ich leide zur Mehrung meines zärtlichen Verlangens.«

Er erniedrigt sich: »Ich bin ein Narr und weiß es. Ihre Freiheit gehört zu ihrem Glanz. Die Eifersucht ist der Preis von meiner Seite; ich bezahle ihn voll.«

So geht das über insgesamt vier Jahre. Er sitzt an einem Roman, »Mein Name sei Gantenbein«, in dem er die Beziehung zwischen sich und der Bachmann in verfremdeter Form aufschreibt: »Sie sitzt auf seinem Knie, unbefangen in dem Grad, als er es ist, und überströmend vor Zuneigung, weil da kein Blick ist, der sie trotzig und lügnerisch macht; glücklich wie noch nie mit einem Mann, frei von Heuchelei, da sie sich von keinem Verdacht belauert fühlt.« Das war schon, als es so aufgeschrieben wurde, nur mehr die verklärende Erinnerung an etwas längst Vergangenes.

Einmal hat sie ihm geschrieben: »Wenn sich zwischen uns etwas ändert, so werde ich es dir sagen.« Es war dann aber Max Frisch, der die endgültige Trennung vollzog; müde des dauernden Wartens auf die Geliebte, wendet er sich einer anderen Frau zu, einer Studentin, dreißig Jahre jünger als er und damit auch fünfzehn Jahre jünger als die Bachmann.

Die Verlassene sagt, es stelle sich daraufhin »einfach eine Krankheit ein. Wenn man lange genug wartet, kommt ein Zusammenbruch, es kommt ein langes oder ein kurzes Ende. Manche überleben das ja, aber man überlebt es eben nur.«

Sie liegt in einer Zürcher Spezialklinik. Frisch besucht sie noch einmal. Er muß warten, offenbar hat man Einwände gegen seinen Besuch. Als er dann in ihr Zimmer eintreten kann, schweigt sie voller Entsetzen. Es stehen Blumen umher, drei Dutzend Rosen, jemand anderes hat sie geschickt, soeben treffen wieder neue ein, aber er ist nicht eifersüchtig, denn seine »Hörigkeit ist aufgebraucht«. Er will nach Amerika fliegen, ohne sie, was er ihr rechtzeitig mitgeteilt hat. »Was reden? Wie schweigen?« Sie hofft, daß er sie nachholen werde, »das wäre die Genesung«. Er wird sie nicht nachholen. »Und Du«, sagt sie ein halbes Jahr später in Rom, »bist nach Amerika geflogen, als ich in der Klinik lag, und hast mich nicht nach Amerika gerufen. Du hast nicht einmal verstanden, daß ich mir diese Blumen selber geschickt habe, damit Du mich rufst.«

Frisch sagt: »Zuletzt gesprochen haben wir uns 1963 in einem römischen Café vormittags; ich höre, daß sie in jener Wohnung, *Haus zum Langenbaum,* mein Tagebuch gefunden hat in einer verschlossenen Schublade; sie hat es gelesen und verbrannt. Das Ende haben wir nicht gut bestanden, beide nicht.«

Die Bachmann erlebte den Bruch als eine schwere seelische Verletzung. In ihrem autobiographischen Roman »Malina« gibt es ein kaum verschlüsseltes Frisch-Porträt: »... er ist ein riesiges Krokodil, mit müde herabhängenden Augen, das mich nicht vorbeilassen wird ... Das Krokodil öffnet manchmal schmachtend den großen Rachen, es hängen die Fetzen, Fleischfetzen von anderen Frauen darin, und mir fallen die Namen aller Frauen ein, die es zerrissen hat, es schwimmt altes Blut auf dem Wasser, aber auch frisches Blut ... er pfeift und singt, er steht da in Pyjamahosen, ich hasse ihn, ich kann ihn nicht ansehen ...«

»Malina« wurde 1971 veröffentlicht, fast zehn Jahre nach der Trennung von Frisch und zwei Jahre vor Ingeborg Bachmanns frühem Tod in der Folge eines niemals aufgeklärten Brandunfalls. Aus der Schilderung des Romans wird eine namenlose Wut spürbar. Schon bald nach der Trennung schrieb Ingeborg Bachmann ein Gedicht, das im Gestus viel zurückhaltender ist, es heißt »Eine Art Verlust« und beginnt:

Gemeinsam benutzt: Jahreszeiten, Bücher und eine
    Musik.
Die Schlüssel, die Teeschalen, den Brotkorb, Leintücher
    und ein Bett.
Eine Aussteuer von Worten, von Gesten, mitgebracht,
    verwendet, verbraucht.
Eine Hausordnung beachtet. Gesagt. Getan. Und immer
    die Hand gereicht.

Das Gedicht endet so:

Von dem Balkon herab waren die Völker, meine Nach-
    barn, zu grüßen.
Am Kaminfeuer, in der Sicherheit, hatte mein Haar seine
    äußerste Farbe.
Das Klingeln an der Tür war der Alarm für meine
    Freunde.

Nicht dich habe ich verloren,
sondern die Welt.

Zu dieser Ausgabe

Literarische Spaziergänge mit Büchern und Autoren

Das Kundenmagazin der Aufbau Verlagsgruppe
Kostenlos in Ihrer Buchhandlung

| Aufbau-Verlag | Rütten & Loening | Aufbau Taschenbuch Verlag | Gustav Kiepenheuer | Der >Audio< Verlag |

Oder direkt: Aufbau-Verlag, Postfach 193, 10105 Berlin
e-Mail: marketing@aufbau-verlag.de
www.aufbau-verlag.de

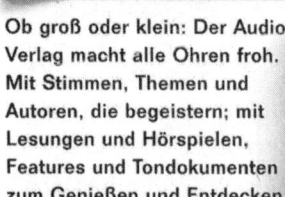

Ich will dich

*Die hundert schönsten
erotischen Gedichte*

*Ausgewählt
und mit einem Nachwort
von Hansjürgen Blinn*

*184 Seiten, Leinen
ISBN 3-351-02901-2*

All denen, die leidenschaftlich lieben, sei diese Sammlung ans
Herz gelegt: sie vereint die schönsten erotischen Gedichte
vom Barockzeitalter bis zur jüngsten Gegenwart. Diese Texte
von mitreißender Intensität, die vom ewig währenden Spiel
um Lust und Liebe zeugen, glänzen durch Sinnlichkeit, for-
male Virtuosität und sprachlichen Rhythmus. Hier schreiben
Autoren über erotisches Verlangen, Erfüllung und Genuß;
hier fallen Grenzen, werden Konventionen hinfällig, sind
Tabus außer Kraft gesetzt. Zu den Autorinnen und Autoren
gehören u.a.: Lessing, Goethe, Eva Strittmatter, Else Lasker-
Schüler, Hesse, Ringelnatz.

»Ein Buch für Genießer.«

Passauer Neue Presse

Aufbau-Verlag

Eva Strittmatter
Liebe und Haß
Die geheimen Gedichte.
1970–1990

186 Seiten. Gebunden
ISBN 3-351-02894-6

Poeme von Liebe und Haß, Lust und Trauer, Mut und Angst: Eva
Strittmatter, die populärste deutsche Lyrikerin, gibt in diesem
Band erstmals Gedichte preis, die sie zu Lebzeiten ihres Mannes
nicht veröffentlichen wollte. Offen, leidenschaftlich und unmittelbar formuliert sie hier ein unbändiges Verlangen nach Freiheit, das sie in den Realitäten des Alltags nicht ausleben konnte.

»Die Krönung ihres lyrischen Werks. Vielleicht ist die Summe
dieser Gedichte in einem Satz zu sagen: die Schönheit des Menschlichen .«
Lausitzer Rundschau

»Kaum ein Leser wird sich diesem wahrhaftigen, lebenssüchtigen
Buch entziehen können.«
Märkische Allgemeine

»Außergewöhnliche Texte. Wer Eva Strittmatter kennen lernen
will, lese ihre Lyrik. Es lohnt sich.«
Münchner Merkur

Aufbau-Verlag

Eva Strittmatter

Der Schöne
(Obsession)
Gedichte

87 Seiten
Band 1329
ISBN 3-7466-1329-9

Wie einen klinischen Fall, mit gnadenlosem Blick betrachtet
die Dichterin ihren Zustand: sie liebt. Ohne Gegenliebe, un-
gehörig, wider alle Vernunft und Einsicht. Sie erfährt die zer-
störerische Kraft einer Liebe, die sich nicht entfalten kann,
aber auch den Rausch aus dem Gefühl intensivsten Lebens.
Zwischen diesen Polen reiben sich die Empfindungen, voller Widersprüche und Leidenschaft. Die Dichterin bringt sie
in Worte, die den Schmerz festhalten und gleichzeitig bannen.
Sie macht die geheimen nächtlichen Kämpfe zum Gegenstand
ihrer Poesie. In beeindruckender Offenheit, minutiös wie ein
Tagebuch, beschreibt sie die Chronik einer Obsession. Die
Explosion verdrängter Lebenswünsche, die Beschwörung
erkannt und angenommen zu werden, die entschlossene Ab-
wehr der Resignation. Sie weiß, daß Trauer bleiben wird und
das Glück, die eigene Kreativität neu erfahren zu haben.

A*t*V
Aufbau Taschenbuch Verlag

Heinz Kahlau

Du

Liebesgedichte

131 Seiten
Band 1279
ISBN 3-7466-1279-9

Dieser Gedichtband ist zum Kultbuch geworden. Immer
wieder neue Lesergenerationen lassen sich einfangen von
den schönen, schlichten Bildern, in denen Heinz Kahlau das
immerwährende Thema Liebe beschreibt. Sie erzählen vom
Sichfinden und vom Abschied, von Sehnsucht und Erfüllung,
von jener Kraft, die aus der Liebe wächst. Nur mit ihr, so be-
zeugen es diese Gedichte, ist das Glück dauerhaft zu machen,
kann der Alltag zum Ort werden, in dem sich die Liebe ein
Haus baut.

A*t*V
Aufbau Taschenbuch Verlag

Helga Königsdorf

Der gewöhnliche
Wahnsinn

Die besten Geschichten

Originalausgabe

260 Seiten
Band 1346
ISBN 3-7466-1346-9

Es ist passiert: der gewohnte Alltag ist aus den Fugen geraten,
die vertraute Ordnung versagt. Plötzlich suchen verdrängte
Sehnsüchte ein Ventil, werden alte Rollen zu Fesseln, fordern
Lebenslügen ihren Preis. Dabei wären sie nichts lieber als un-
auffällige Durchschnittsmenschen, die Akteure dieser Geschichten. Nun aber müssen sie ihren Seelenfrieden retten:
der langweilige Liebhaber wird über den Balkon gekippt, der
Ehemann sucht als Ameise das Weite, den störenden Nach-
barn holt ein Krokodil, und nachts im Dunkeln ist auch
Schorsch wieder da.

Diese Auswahl von Geschichten aus 20 Jahren präsentiert
die erzählerische Palette Helga Königsdorfs: vom grotesken
Szenario bis zum nachdenklichen Märchen, in dem es wie im
Leben zugeht. Wer ist schon darauf gefaßt, das Besondere so
unauffällig zu finden?

A^tV
Aufbau Taschenbuch Verlag

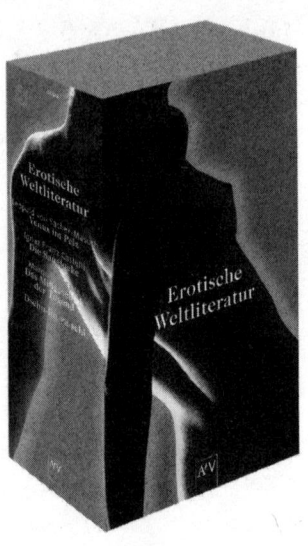

Erotische Weltliteratur

*Herausgegeben
von Karsten Schmidt*

*4 Bände in Kassette
752 Seiten
Band 1625
ISBN 4-7466-1625-5*

Die hier versammelten erotischen Klassiker haben Kulturgeschichte geschrieben. Dazu gehören die Urfassung des Haupt-
werks de Sades, ein Roman über einen der größten Skandale
des 18. Jahrhunderts, in dessen Folge die katholische Kirche
um ihre Reputation kämpfen mußte sowie ein Band mit re-
spektlosen Parodien und anderen Deftigkeiten sehr ehren-
werter Herren, von denen man anderes erwartet. Zum »Miß-
geschick der Tugend« und priesterlicher Ausschweifung
gesellen sich erstaunliche taoistische Praktiken aus dem Reich
der Mitte: um 1600 war dort alles erlaubt, was erotisch-unter-
haltsam war.

AtV
Aufbau Taschenbuch Verlag

Giovanni Boccaccio

Das Dekameron

*Mit Holzstichen
von Werner Klemke*

*2 Bände in Kassette
1242 Seiten
ISBN 3-7466-6069-6*

Der Florentiner Giovanni Boccaccio ist der Stammvater der
europäischen Novelle. Sein vor Witz, Temperament und
Fabulierlust überschäumendes »Dekameron« – in unserer
Ausgabe mit 119 Holzstichen von Werner Klemke illustriert
– ist noch nach über sechshundert Jahren ein Synonym für
erotische Literatur.

A*t*V
Aufbau Taschenbuch Verlag

Jurij Brězan
Die grüne Eidechse
Roman

Originalausgabe

205 Seiten
Band 1701
ISBN 3-7466-1701-4

»Die Stadt B. ist alt, schön, liebenswert. Vor einem guten Menschenalter wurde sie meine Heimatstadt. Nun feiert sie ihren tausendsten Geburtstag. Dazu mein Gruß mit diesem Buch – für den alten Heimatforscher F., den halb so alten Juwelier M., den gestreßten Stadtbusfahrer, meine junge Enkelin und alle anderen, die gern lesen. Eine Liebesgeschichte. Oder dachten Sie, ich schreibe Krimis?«

Jurij Brězan erzählt von einem jungen Mann, der nach B. kam, um ein Vermächtnis einzulösen, und sich wie sein Ahn in den Fallstricken der Liebe verfängt.

A*t*V
Aufbau Taschenbuch Verlag

Joe Pittman

Sanft wie der Wind

Roman

Aus dem Amerikanischen
von Ursula Walther

Deutsche Erstausgabe

324 Seiten
Band 1750
ISBN 3-7466-1750-2

Ein Roman wie ein wehmütiges Liebeslied.

Brian Duncan ist ein genialer Werbefachmann, als sein Leben plötzlich aus den Fugen gerät. Zuerst bringt ihn eine schwere Krankheit aus dem Gleichgewicht, dann entdeckt er, daß seine Freundin ausgerechnet mit seinem Chef ein Verhältnis hat. Tief verletzt flieht Brian aus dem hektischen New York aufs Land. In Neuengland macht er an einer Windmühle Station, die ihn auf seltsame Weise fasziniert. Hier trifft er die kleine Janey – und ihre Mutter Annie, die Frau mit der Windmühle.

Während das Mädchen überaus vertrauensselig ist, verhält sich seine Mutter kalt und abweisend. Brian spürt, daß auch Annie vor etwas auf der Flucht ist, daß auch sie ihr dunkles Geheimnis hat. Doch bevor er ihr Vertrauen gewinnen kann, holen ihn die Schatten seiner eigenen Vergangenheit ein.

Die Geschichte eines Mannes, der die große Liebe findet – und erkennen muß, wie zart und zerbrechlich sie ist.

A*t*V
Aufbau Taschenbuch Verlag